中公新書 2712

森 万佑子著

韓国併合

大韓帝国の成立から崩壊まで

中央公論新社刊

まえがき

嫌韓本を好む人も、K－POPアイドルに熱を上げる人も、きっとこれまで一度は、日本による韓国の植民地支配について話題になった場に居合わせたことがあるだろう。昨今、書店には韓国関係の情報があふれている。けれども、「なぜ韓国は日本の植民地となったのか」という日韓関係で避けては通れない根本問題について知ろうとしたとき、史料に基づき歴史学的手法で書かれた一般向けの本はほとんどない。

韓国は、一九一〇年八月から四五年八月までの三五年間、日本の植民地支配下にあった。三五年とは、誕生した赤子が壮年に達するまでの長い時間である。

この韓国併合について、歴史学者が一般読者向けに書いた代表的な著作は三冊ある。山辺健太郎『日韓併合小史』（岩波新書、一九六六年）、森山茂徳『日韓併合』（吉川弘文館、一九九二年）、海野福寿『韓国併合』（岩波新書、一九九五年）である。いずれも韓流ブームよりはるか前に書かれた作品である。

共通するのはなぜ日本が韓国を併合したのかへの注目である。通底する問題意識は日本の植民地支配に対する反省である。当時の読者にもそうした意識が共有されていたと思われる。その背景には、敗戦による過去への贖罪《しょくざい》の意識や、韓国は日本よりも政治・経済・文化的に「後れた」国であるという日本人の韓国へのイメージがあった。

しかし、いまや戦後七七年が過ぎ、戦争を体験しそれを語れる人はほとんどいなくなった。一方、韓国の政治は民主化が進展し、民主的な選挙による政権交代が行われるようになった。経済も著しく発展し先進国の一角を占め、海外のホテルにおける家電製品の多くは、日本製品からサムスンやLGなど韓国製品に替わった。文化面でも音楽や映画などが世界で大きな影響力を持つようになっている。それゆえ、日本人の韓国に対するイメージも多様化し、植民地支配に対する認識も薄らいでいる。

他方で、韓国では民主化による社会の成熟に伴い、国民レベルで植民地支配をめぐる日本への謝罪要求の声が高まっている。こうした日韓のアンビバレントな状況が、歴史認識問題を複雑化し、時に日本人は、韓国を過剰な「愛国」や「反日」と理解して済まそうとする。

本書は、日本で韓国のイメージが多様化し植民地支配への理解が稀薄《きはく》になるなか、韓国併合について、歴史の基礎的な事実を提供する。特に大韓帝国の歴史に注目しつつ、韓国併合への過程を論じる。大韓帝国とは、一八九七年一〇月一二日（陰暦九月一七日）に朝鮮王朝最後の国王である高宗《コジョン》が皇帝に即位し、一四日に国号を「朝鮮」から「大韓」に改めることによって成立した国である。

朝鮮王朝は一八九五年に日清《にっしん》戦争後の下関《しものせき》条約が結ばれるまで、中国との間で「宗属《そうぞく》」「宗藩《そうはん》」などと呼ばれる中国皇帝を最上位に据えた上下関係にあった。その中国との関係が公的に廃止されるまで、政治外交や文化面では中国の影響下にあった。それは朝鮮半島の歴代王朝がおよそ踏襲してきたものである。一八九七年の大韓帝国成立は、中国との関係が終わることで可能になったものだった。

大韓帝国の「帝国」は明らかに中国を意識した呼び名であり、清朝の皇帝と朝鮮の皇帝が対等であるという含意があった。しかし、そんな大韓帝国が抱いた野望は道半ばで、大日本帝国に侵蝕《しんしょく》されていく。

これまでの韓国併合をテーマにした書物は、主に日本の歴史学・政治学研究の成果を反映して書かれてきた。そのため、日本の政治・外交が韓国併合に向けてどのように展開されていったのか、つまり「日本が韓国を併合していく過程」を重点的に論じてきた。本書では、朝鮮半島の地域研究を専門とする筆者の立場から、それだけではなく、「大韓帝国が成立して崩壊していく過程」にも注目する。

大韓帝国皇帝を主役に据えて、大韓帝国政府が遂行した近代化改革の成果と課題、日本の帝国主義政策に対抗する外交政策や義兵運動、近代的な議会制度導入などを訴えた「独立協会」、親日団体として名高い「一進会《いっしんかい》」の動きなど、さまざまな登場人物がそれぞれどのような状況で登場し、どのような役割を果たしたのかについても論じる。さらに服制や宴会など社会や文化についても触れ、大韓帝国を総体として浮かび上がらせる。

大韓帝国の成立と終焉《しゅうえん》を知ることは、日本による韓国併合の道程を知ることでもある。韓国についての情報があふれるなか、あらためて「なぜ韓国は日本の植民地となったのか」について考える。

最後には、韓国併合について、日本や韓国の学界では、戦後どういった議論が積み重ねられてきたのか整理する。歴史学や国際法の観点から韓国併合の過程について異なる見方があること、それが今日の徴用工や慰安婦の問題についての認識の相違にもつながっていることが理解できるだろう。

本書が提供する史実を基に、読者それぞれが歴史の流れを知り、視野を広げ、考える機会になることで、韓国併合についてそれぞれの見方を持つ第一歩になれば幸いである。

目次

韓国併合

まえがき　i

序章　中華秩序のなかの朝鮮王朝……3
1　朝鮮は属国なのか――清朝への不信と小中華思想　4
2　条約体制下の「属国」――日欧米との条約、清の要求　10
3　朝鮮が望む「自主独立」とは――甲申政変の失敗　17

第1章　真の独立国家へ――一八九四～九五年……27
1　日清戦争の勃発――朝鮮をめぐる戦い　27
2　甲午改革――日本主導の近代化　34
3　宗属関係の終焉――洪範一四条の誓告　42

第2章　朝鮮王朝から大韓帝国へ——一八九五～九七年……51
1　閔妃暗殺、露館播遷——国王高宗の彷徨　52
2　「皇帝」即位の熱望——旧本新参の具現化　60
3　大韓帝国の成立——準備された「中華皇帝」　65
第3章　新国家像の模索——皇帝と知識人の協和と不和……77
1　独立協会の結成——開化派知識人たちが目指したもの　78
2　皇帝のロシア接近と独立協会の反対　91
3　独立協会の強制解散——議会開設の挫折　101
第4章　大韓帝国の時代——皇帝統治の現実と限界……111

1 儒教宗主の専制君主——旧本新参の到達点 112
2 皇帝国の文化——建築、服制、愛国歌 122

第5章 保護国への道程——日露戦争前夜から開戦のなかで… 131
1 大韓帝国の外交——さまざまな可能性 132
2 日韓議定書——無視された中立宣言 139
3 第一次日韓協約の締結——財務・外交顧問の導入 148

第6章 第二次日韓協約の締結——統監府設置、保護国化… 153
1 欧米の承認、皇帝への強要 154
2 調　印——大臣たちの抵抗と妥協 159

3 ハーグ密使事件――皇帝の抵抗 165
4 第三次日韓協約の締結――皇帝の強制譲位後 174

第7章 大韓帝国の抵抗と終焉――一九一〇年八月の併合へ… 183
1 一進会と義兵運動――高宗皇帝の時代 184
2 南北巡幸と伊藤博文の思惑――純宗皇帝の時代 195
3 韓国併合条約の締結――皇帝から「李王」へ 205

終章 韓国併合をめぐる論争――歴史学と国際法………… 219

あとがき 247
主要参考文献 260
韓国併合 関連年表 264

朝鮮半島，20世紀初頭

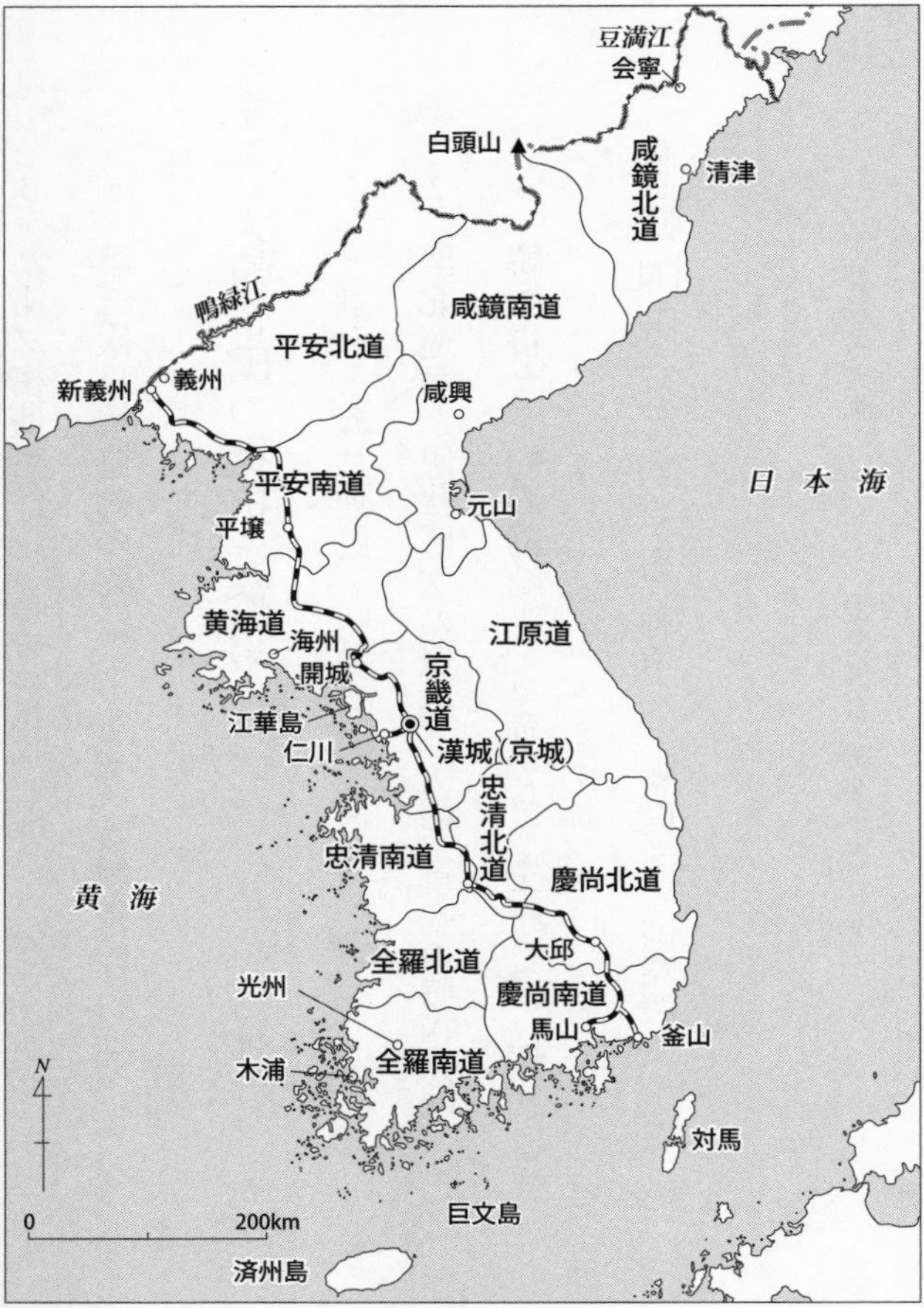

出典：加藤聖文『「大日本帝国」崩壊』（中公新書，2009年）を基に筆者作成

韓国併合

大韓帝国の成立から崩壊まで

凡例

・「韓国併合」については、「日韓併合」「合邦」から「併呑」「強占」にいたるまで、さまざまな表現がある。本書では、日本で一般的に普及している「韓国併合」を用いる。
・年月日表記は、基本的に太陽暦を用い、適宜、陰暦を併記したところがある。なお、日本は一八七三年一月から、朝鮮は一八九六年一月から太陽暦を採用する。
・新書の性格上、史料の引用や叙述に関する出典などの注記は、最低限にとどめた。詳細は、巻末の主要参考文献を参照いただきたい。
・史料引用にあたっては、適宜句読点やふりがな、さらに濁点を補い、片仮名を平仮名に、旧漢字は現行の字体に、旧仮名遣いは現代仮名遣いに直した。新書の性格に合わせ、引用にあたり一部表現を読みやすいように改めたところもある。
・韓国語の引用史料の和訳はすべて筆者による。なお、本文で多数引用する『承政院日記』は、朝鮮における国王・皇帝の日程や人事、臣下との会話などについて詳細に記した政府記録である。
・引用史料中の〔　〕は筆者の補足である。
・引用史料中に現在では不適切な表現もあるが、歴史史料としての性格上、正確を期すために原文のままとした。
・朝鮮王朝の都で現在のソウルである漢城（ハンソン／かんじょう）は、一九一〇年の日本の統治期から京城（キョンソン／けいじょう）と定められた。ただし、それ以前も日本と朝鮮の双方で、公私を問わず「都」を意味する語として、京城も日常的に用いられていた。
・敬称は略した。

序章　中華秩序のなかの朝鮮王朝

歴史を叙述することは、史実だけでなく、それがどのように認識・解釈され、記憶されてきたかも重要だ。

特に近代東アジア史の場合、その歴史認識をめぐって日韓の間で大きく問題化している。対立の根底には、史実をどのように認識・解釈するかの違いがある。韓国併合の歴史は、史実の認識・解釈、それに基づく記憶のされ方によって、歴史の見え方が変わってくる。

本書は、韓国併合にいたる過程を大韓帝国の成立と崩壊から見ていく。序章では一九世紀後半の東アジア、そのなかでの朝鮮王朝を概観する。まずは背景となる歴史から見ていきたい。

1　朝鮮は属国なのか——清朝への不信と小中華思想

近代東アジアの国際関係——条約体制へ

一九世紀後半の東アジアについて、国際関係から見ていこう。

西洋列強が影響力を持つ以前、東アジアは「朝貢《ちょうこう》体制」にあったとされる。

朝貢体制とは、中国を中心とする世界観である「中華思想」を背景に、周辺諸国の首長が中国皇帝に貢《みつ》ぎ物を持って挨拶《あいさつ》に行くことによって、周辺諸国が教化され、貿易も許される仕組みである。儒教の考えに基づいた上下関係を前提とし、中国を宗主国、周辺諸国を「属国」（朝貢国、藩属国）と言った。そして、宗主国である中国と「属国」、「藩部《はんぶ》」（外藩各部の縮約で清が統治する範囲）、「互市《ごし》」（朝貢をしていないが中国と貿易する国）などとの関係の束でつくられた秩序を「中華秩序」と呼ぶ。

そこに西洋列強が持ち込んだ「条約体制」が浸透していく。

条約体制とは、現在にも続く国家間関係である。条約を結ぶ独立国家同士は、大小問わず、対等な関係を前提とする。条約による合意があれば、相手国の内政や外交にも介入できる。

一九世紀後半の東アジアは、たとえば日本が、アメリカのペリー来航による西洋の文明や国際秩序に衝撃、いわゆる「ウェスタン・インパクト」（西洋の衝撃）を受けて条約体制を受け入れていく。

つまり、当時の東アジアの国際関係は、朝貢体制と条約体制の併存・対立から、条約体制に収斂《しゅうれん》していくと捉えることができる。

学界では、一九七〇年代まで主流の研究は、条約体制の視点から「なぜ東アジアで日本だけが近代化に成功し、中国は半植民地、朝鮮は植民地となったのか」に関心が集まった。一九八〇年代に入ると、中華秩序への関心も広がり、中国が西洋の秩序や論理をどのように理解し、対応したのかを明らかにする研究が進んだ。

ただ、同様に朝貢体制に属し、西洋の衝撃のみならず、さらに日本の衝撃――日本による近代化と植民地化――の影響を受けた朝鮮の場合、事情が複雑で研究がなかなか進まなかった。

朝貢体制のなかの「属国」

朝貢体制は上下関係を明確にした外交儀礼からなる。ここでは、平等・対等な関係ではなく、上下関係によって秩序が形成された。

朝鮮国王は中国皇帝に国王として冊封《さくほう》され朝貢した。冊封とは、中国皇帝が諸侯や諸王を任命する儀礼のことで、冊封されると中国皇帝の臣下となり君臣関係を持つ。

たとえば、朝鮮は長い間、独自の年号を持たず、公式な史料には中国の年号を記してきた。一方、中国は朝鮮からの依頼があれば派兵を行った。一六世紀末、豊臣秀吉《とよとみひでよし》による文禄《ぶんろく》・慶《けい》長《ちょう》の役（壬辰《イムジン》《じんしん》・丁酉倭乱《チョンユウェラン》《ていゆうわらん》）で日本の侵略に対し明が朝鮮に援軍を送ったのがその典型だ。

朝貢体制では、朝鮮が儀礼を守っている限り、中国は朝鮮の内政外交に原則として関与しなかった。当然、それは中国皇帝を絶対的存在とする強い圧力を背景としていた。ただし、朝鮮が中国に対してどれほど忠誠心を抱いていたかは曖昧《あいまい》にできた。他方で、朝鮮と日本との関係では、「交隣《こうりん》」という名のもと、対等に振る舞いつつも、こちらも本心を曖昧にできた。

朝鮮は長期間にわたり中国の「属国」だった。しかし、それは条約体制のもと近代国際法における保護国や植民地を意味しない。朝鮮の内政外交の自主は保たれていたからだ。のちに日本が大韓帝国に行う保護国化や植民地化とは大きく違う。

本書では、朝貢体制での中国との関係については、特に「属国」と括弧《かっこ》をつけて記していく。

「小中華思想」の高揚

一九世紀に朝貢体制の中心にあったのは清である。しかし、朝鮮にとって清は、崇拝する明を倒した野蛮な民族（女真《じょしん》人、のち満洲《まんしゅう》人と自称）の王朝だった。

一三九二年に李成桂《イソンゲ》が建国した朝鮮王朝は、一八九七年に大韓帝国と国号を変えるまで五〇〇年以上続いた。朱子学《しゅしがく》、科挙《かきょ》制度、衣冠《いかん》制度など多くの国家理念や政治制度は一三六八年に建国した明をモデルとする。

そのため一六四四年に明が滅んで清が北京《ペキン》に入ると、「対清復讐《ふくしゅう》論」（清に復讐し恥辱《ちじょく》を雪《そそ》ぐ）や「対明義理論」（壬辰倭乱で援軍を送ってくれた明への義理を守る）が朝鮮で相次いで提起された。

さらには、明亡き後、儒教文化を堅持するのは朝鮮だけで、朝鮮こそが明朝中華を正統に継承すると自負する、いわゆる「小中華思想」「朝鮮中華主義」と呼ばれる意識が強くなった。朝鮮は儀礼上は清朝皇帝に朝貢し冊封を受けるが、内心は明朝中華を慕《した》い、中華の正統な継承者は朝鮮自らだと考えたのだ。

こうして朝鮮は、実際に政治外交の現場で礼を尽くす対象である清朝中華と、明の正統な継承者と自負する朝鮮中華の二つの中華の考えを持った。これについて本書では「二元的中華」とする。

二元的中華の考えは、次のことからもわかる。朝鮮では、明朝滅亡六〇年後の一七〇四年に、壬辰倭乱で支援を受けた明の皇帝たちのために「大報壇《デポダン》《だいほうだん》」という祭壇を設けて祭祀《さいし》を行うことが提起されて実行される。

大報壇へは国王も参拝し、とりわけ朝鮮王朝最後の国王であり大韓帝国最初の皇帝となる高宗《コジョン》《こうそう》（在位一八六四〔一八六三〕～一九〇七）は、成人前から大報壇に頻繁に参拝し、特に明の太祖洪武帝《たいそこうぶてい》の命日への参拝回数が多かった。高宗が特に洪武帝の命日を重視したのは、即位から親政までの政治状況など、王朝での自身の立場に関係していたと見られる。高宗は政治基盤が弱い傍系出身だったからだ。

高宗即位、父・大院君の政治

さて、ウェスタン・インパクトを直接受けた朝鮮近代は、この高宗の時代からと言える。ちなみに、高宗は明治天皇と同じ一八五二年生まれである。

一八六三年に第二五代国王哲宗《チョルジョン》《てっそう》が没すると高宗に白羽の矢が立った。だが実父の興宣君《フンソングン》是応《ハウン》（以下、大院君《デウォングン》《だいいんくん》）は、国王を輩出する宗家《チョンガ》《そうけ》から離れた傍系だった。高宗は満一一歳で即位したため、一八七三年末までは哲宗の母后である大王大妃趙氏《デワンデビチョシ》《だいおうだいひちょうし》（神貞王后《シンジョンワンフ》《しんていおうごう》）の垂簾聴政《すいれんちょうせい》（儒教の「男女の別」を守るために、国王の祖母や母が御簾《みす》ごしに政治参与すること）のもと、大院君が政治を取り仕切った。

大院君は、内政では人事政策や官制改革を進めた。特に地方の両班《ヤンバン》勢力を牽制《けんせい》しようとした。両班とは科挙に合格し官吏となった者のことだが、同時に何代も官吏を輩出する地方の有力家門である各地の支配層も意味する。大院君は各地に設立された書院《ソウォン》《しょいん》（科挙合格を目指す儒教教育施設であり在地両班層の拠点）を整理する。大院君は朝鮮を中央集権的な国家にすることを目指していた。

対外関係では、一八六六年にアメリカ商船ゼネラル・シャーマン号による開国通商要求を拒絶し、軍艦を侵攻させ条約締結を求めたフランスに対し攻撃を仕掛け、一切の要求を受け入れなかった（丙寅洋擾《ピョンインヤンヨ》《へいいんようじょう》）。

大院君（1820〜98）

さらに、一八六八年以降、日本が明治新政府樹立を伝える書契《しょけい》（文書）をたびたび届けても受け取りを一切拒否した（書契問題）。一八七一年にはアメリカが軍艦を派遣したが、これにも発砲して外交交渉に応じず（辛未洋擾《シンミ》《しんみ》）、排外政策を堅持した。

大院君の政治外交の思想は、「衛正斥邪《えいせいせきじゃ》」（正＝儒学を衛《まも》り、邪＝邪学・邪教〔天主教〕や夷狄《いてき》を排斥する）と呼ばれ、朝鮮で支配階層だった儒者たちに広く支持された。

大院君はこの他、豊臣秀吉による壬辰倭乱で焼き払われた朝鮮王朝の宮殿景福宮《キョンボックン/けいふくきゅう》の再建工事に着手するなど、王の権威の強化を示そうとした。

2 条約体制下の「属国」——日欧米との条約、清の要求

日朝修好条規締結と「属国」問題

高宗の親政は一八七三年から始まる。高宗は正統性・独自色をアピールするためにさまざまな政策を行った。たとえば書契問題でこじれた日本との関係改善である。

書契問題について具体的に記しておこう。一八六八年に発足した明治新政府は、朝鮮に新政府樹立を通知する書契を送った。それに対し大院君政権は、排外政策から書契の形式不備を理由に受け取りをたびたび拒否した。日本の書契にある天皇に関する「勅」や「皇」の文字が、朝鮮では中国皇帝のみ使える文字であり、中国との関係上、受け入れることができないという理由からだった。

高宗は親政を始めるとすぐに、日朝関係を担当していた東萊府《トンネブ/とうらいふ》(現釜山《プサン》)に調査官を派遣し、日朝関係停滞の原因を調べさせ、理由を把握した。高宗やその側近たちは、日本が「勅」「皇」を使うのは自称であること、友好な交隣関係を継続し修好することは中国との関係上も大事だという理由から、書契を受け入れる決断をする。

　しかし新たな問題が浮上する。再度、書契を届けに来た日本側使節をもてなす宴会で、日本側が西洋式の大礼服を着用し、洋式に基づいた対応をすると主張したからだ。西洋式に服制改革をした明治日本にとって、洋服着用は近代国家としての体面に関わるものだった。

　他方、朝鮮にとっては、明朝中華の服制こそが正式のものである。朝鮮で催される交隣の日本との宴会で、西洋式の衣服の着用を認めることは、夷狄・禽獣《きんじゅう》の文化を受け入れることを意味する。高宗は明朝中華をモデルにした衣冠の堅持を重視した。

　結局、日朝交渉は決裂。日本は軍艦を派遣して江華島《カンファド》《こうかとう》事件を惹き起こし、一八七六年に武力をもって日朝修好条規を締結、朝鮮を「開国」させる。

高宗（1852～1919）朝鮮王朝第26代国王，在位1863～97年．大韓帝国初代皇帝，在位1897～1907年　1884年頃撮影．高宗は写真が好きだったようで，多くの写真が残る

　ところで、日本政府は日朝修好条規締結にあたって、近代国際関係の原理に照らし、朝鮮と清の宗属関係を朝鮮に問い質《ただ》そうとも考えていた。つまり、朝鮮は

中国の属国か否か、という問いである。

この問いは、朝貢体制を変える力を持つと当初日本は考えていた。属国という言葉は、中国を中心とした中華秩序での意味と、西洋列強を中心とした近代国際秩序での意味が異なるためである。

中華秩序での「属国」が、本来は内政外交の自主が認められ、近代国際法でいう属国のように宗主国の保護国や植民地ではないことはすでに述べた。朝鮮が「中国の『属国』である」と回答すれば、日本は近代国際法上の属国と解釈して、朝鮮は独立国ではないため、条約締結の主体とは見なさないと言い返すことを考えた。他方、万が一、朝鮮が「中国の属国ではない」と回答すれば、それは宗主国である清が強く非難する事案ともなる。

しかし日本政府は、最終的にこの宗属問題に深入りしなかった。そのため一二条で構成された日朝修好条規の第一条は次のように記載された。

第一款　朝鮮国は自主の国であり、日本国と平等の権を保有する。

ここでの「自主」は、中国の「属国」にして自主（「属国自主」）である朝鮮にとって、これまでの宗属関係と矛盾するものではない。他方、日本にとっては、朝鮮が内政外交ともに第三国の干渉を許さない近代国際関係における独立自主の国の意味にとることができた。自主は両義的で曖昧な表現だった。

日本は、清との関係を考慮して、宗属関係をただちに否定はしなかったが、日朝修好条規に付随する規則などに日本側に有利な不平等条項を盛り込んだ。ただ、朝鮮は不平等が正常な関係である中華世界に馴染《なじ》んでおり、日本が意図する「不平等」を、この時点でどれだけ理解したかはわからない。「不平等条約」は、平等・対等な関係に価値をおく西洋近代の考えが根底にあるからだ。

当時朝鮮政府は、日本に対して従来の朝貢体制で交隣の関係を結び、今後も交隣修好を維持していこうと思っていた。しかし日本は、ウェスタン・インパクト以降に近代化を進め、朝鮮が蔑《さげす》む西洋と一体になっているように見えた。他方で、一八八〇年代に入ると、清もまた西洋列強との関係のなかで、朝貢体制を見直し、朝鮮の内政外交の「自主」に対する認識を変えていこうとしていた。

中国の斡旋による朝米修好条約締結

一八六〇年代からフランスのヴェトナムへの侵蝕が本格化、七九年には日本が琉球《りゅうきゅう》を統合したため、清は「属国」の朝鮮、「藩部」の新疆《しんきょう》やチベットなどの護持に危機感を募らせていた。

他方で、アメリカは朝鮮との条約締結を望み、一八八〇年に海軍のR・W・シューフェルト提督を派遣し、朝鮮との修好の斡旋《あっせん》を日本に依頼したがうまくいかなかった。清はこのシューフェルトの提案を聞き、朝鮮にアメリカと条約を結ばせることで、朝鮮への他国の侵攻を防ごうと考え、北洋大臣李鴻章《りこうしょう》が条約の仲介に乗り出す。李鴻章の斡旋はまさに朝鮮の宗主国としてのものだった。

一方の朝鮮も、清の斡旋のもとで条約を締結すれば、日本との書契問題のように、「洋夷」との条約締結に反対する者が現れても、清朝皇帝の威光を借りて反対を防ぐことができると考えた。

清はアメリカと朝鮮の条約正文に、朝鮮は中国の「属国」で内政外交は自主であると挿入させ、朝鮮が中国の「属国」であることを西洋諸国に確認させたかった。清の動きに対して朝鮮は、「属国自主」と明記されている以上、中国に対しては「属国」であるが、各国に対しては自主であることを意味するものとして、条約文への挿入に反対しなかった。

しかし、シューフェルトは日朝修好条規をモデルとし、「属国自主」の条項を条約正文に盛り込むことを最後まで拒んだ。近代国際関係では、属国が持つ意味は大きく、朝鮮が中国の「属国」である中華世界での関係をシューフェルトが理解することは難しかったからだ。

結局、清は米朝の条約調印に立ち会いながら、挿入できなかった「属国自主」条項の代替案を考えた。それは、条約締結時に朝鮮国王がアメリカ大統領に送った「朝鮮は中国の属国であり、内政外交は自主である」という書簡となる。

一八八二年五月に締結された朝米修好条約に続いて、朝鮮は同年にイギリス、ドイツとも同様の条約を結んだ。

壬午軍乱――「属国」の明文化

アメリカをはじめとした西洋諸国との条約締結後の一八八二年七月、朝鮮で壬午軍乱《じんごぐんらん》が起こる。

壬午軍乱は、俸給米の遅配などに憤った旧式軍隊の兵士たちが、支給担当の役所を襲撃し、その後、漢城《ハンソン》（現ソウル）の民衆も加わって日本公使館を襲撃した事件だ。日本公使館が襲われたのは、朝鮮政府による近代化政策のもと、日本軍の指導で新式軍隊（別技軍《べつぎぐん》）が設置されたため、旧式軍隊への扱いが悪くなったと考えられたからだ。

政府による近代化政策への反対の背後には、高宗の実父である大院君や彼を支持する勢力がいた。そのため壬午軍乱は高宗政権打倒のクーデターと化し、ついに高宗は大院君に政権を委《ゆだ》ねた。大院君は、高宗が進めていた近代的な制度や政策を廃止し、新たに締結された外国との条約も否定し、自身を支持する勢力を糾合《きゅうごう》して旧来の政治に戻そうとした。

他方で、壬午軍乱の報に接した日清両国は朝鮮に出兵した。清は、日本が反乱を鎮圧すれば、朝鮮で日本の勢力が増大すると危惧《きぐ》して、「属国保護」を掲げて日本を上回る兵力を送った。

朝鮮に派遣された馬建忠《ばけんちゅう》は、大院君を拘束し、「朝鮮国王は中国皇帝に冊封されているので、国王を退かせることは、すなわち皇帝を軽んじることである」と伝え、清に護送した。中国が宗主国として国王に反抗した大院君を拉致《らち》し、朝鮮の内政に干渉したのだ。

中国は、壬午軍乱への介入を「天討天誅《てんとうてんちゅう》」、すなわち天が悪人を征討すると表現した。朝鮮の内政外交は自主とはいえ、背後には中国皇帝の絶対的な権力があることをあらためて知らしめたのだ。

壬午軍乱の二ヵ月後、一八八二年九月に清は朝鮮と商民水陸貿易章程《しょうみんすいりくぼうえきしょうてい》を締結する。この章程は、体裁は条約の形式にならい、中朝の商人貿易を認めようとしたものだ。しかし、その前文では中国と朝鮮の宗属関係が初めて明文化された。

朝鮮は久しく中国の藩封《はんぽう》に列し、このたび締結する水陸貿易章程は中国が属邦を優待する意からなるものである。

この前文が挿入された背景には、朝鮮が中国の「属国自主」であることを、欧米列強が理解しなかった状況がある。以後、清は朝鮮の内政と外交ともに積極的に介入してくる。清は、西洋がもたらした条約という手段を用いて、中華秩序を欧米列強や日本に示そうとし、朝鮮との宗属関係を自ら変えた。かつて「属国」の内政外交には原則として関与しなかった朝貢体制はここに変わっていく。欧米諸国や日本との対話のためには、宗属関係を条約体制の論理に読み変える必要があったからだ。

3　朝鮮が望む「自主独立」とは——甲申政変の失敗

甲申政変——近代化、完全な自主独立を求めて

大院君は清に連行され、高宗が政府に復帰した。大院君後の政権の中枢にあった閔氏戚族《ミンシせきぞく》(高宗の妃である閔妃《ミンビ》の一族)も、外交通商事務のトップの立場にあった金弘集《キムホンジプ》や金允植《キムユンシク》らも、漸進的《ぜんしん》な近代化政策を支持し、朝鮮がただちに「属国」であることをやめ、清から完全に独立した近代国家となることは志向していなかった。

他方、名門両班出身の金玉均《キムオッキュン》・朴泳孝《パクヨンヒョ》・徐光範《ソガンボム》・徐載弼《ソジェピル》ら若手少数派は、福沢諭吉《ふくざわゆきち》をは

じめとした日本の知識人から近代改革の教えを受け、次第に朝鮮が独立自主国となる意義を認めるようになる。「開化《ケファ》派《パ》」と呼ばれる彼らは、朝鮮も明治維新のような近代化改革を実行し、政府を改造し、宗属関係を廃棄することが必要だと考えた。

金玉均（1851～94）

海外の目新しい事物に関心の高かった高宗は、そうした事情に詳しい金玉均らを寵愛《ちょうあい》し、特別に側近として迎えていた。しかし彼らは、郵政事業や道路整備などの表面的な近代化事業は推進できても、清との関係を基軸と考える政権中枢の閔氏戚族や金弘集らからの支持は得られず、抜本的な変革は叶《かな》わなかった。

金玉均らは既存の政権を打倒して、自分たちの新しい政権を樹立することを目指す。一八八四年一二月、彼らは既存の政権を倒すクーデターを実行する。甲申政変《こうしんせいへん》である。このときに一四ヵ条の政綱《せいこう》が起案されるが、主なものは以下の五つだった。

一　大院君を早急に連れ戻す（朝貢虚礼は協議のうえ廃止する）。
一　門閥を廃止して人民平等権を定め、人によって官を選び、官によって人を選ばない。

一　全国の地租の法を改正し、役人の不正と人民の困窮を絶ち、国を豊かにする。
一　すべての国内財政は戸曹《こそう》〔財政担当の中央官署〕が管轄し、その他一切の帳簿や官庁は廃止する。
一　政府六曹〔中央官署の総称〕以外は、すべての冗官《じょうかん》〔必要ない官職〕を廃止し、大臣らが協議し啓示する。

（『甲申日録』）

冒頭に大院君の救出と清への朝貢虚礼の廃止を掲げたのは、甲申政変が朝鮮の政治外交を抜本的に改革し、その根源が清との関係廃止にあると考えていたからだ。その他も、のちの甲午《こうご》改革、大韓帝国の改革でも課題となる核心的な内政改革の試みだった。しかし、甲申政変は広く支持を得られず、文字通りの三日天下に終わる。金玉均・朴泳孝らは日本に亡命した。

袁世凱（1859～1916）

甲申政変の収拾のために派遣された清軍は朝鮮に駐屯する。翌一八八五年には、袁世凱《えんせいがい》が「総理朝鮮通商交渉事宜《じぎ》」という肩書で朝鮮に常駐し、朝鮮の内政外交に干渉するようになった。

袁世凱は宗主国から「属国」朝鮮に派遣された使節である

ことを強調するため、英領インド藩王国に駐在するイギリスの「駐在官」(レジデント)にならい、自らの肩書の英訳を'Resident'とし、朝鮮で他国の公使と同列に行動することを避けた。西洋諸国に向けて自身が宗主国の代表、朝鮮は清の保護国であることを示唆しようとしたのだ。

こうした甲申政変の失敗が持つ意味は、大きく二つ指摘できる。

一つは、朝鮮政府内に清と対抗し、独立するという考えが支配的ではなかったことである。むしろ従来の清との関係を軸に、他国との外交関係も構築していこうとする考えが強かった。

もう一つは、清が壬午軍乱に加えて甲申政変でも事態の収拾のために派兵し、直接的な干渉を始めたことである。とりわけ、袁世凱が朝鮮に常駐して内政外交にあからさまに関与するようになったことは、従来の「属国」の内政外交の自主が変わったことを明確に示している。袁世凱がイギリスの駐在官にならったことからも、この宗属関係の変化が条約体制を前提にしたものだったことがわかる。

自主拡大の目論み──各国への「全権大臣」派遣

一八八六年に入ると、朝鮮政府は日朝修好条規に従って内務府《ないむふ》の参議《さんぎ》李鑴永《イホニョン》を東京に派遣駐在させることを駐朝鮮日本公使館に伝えた。

内務府とは、高宗が自身の意向を政策に反映しやすくするために、袁世凱が自由には出入りできない宮殿内に一八八五年、新設した役所だった。内務府の参議は、督弁《とくべん》、協弁《きょうべん》に次ぐ第三位の役職である。

これまで、朝鮮政府は条約に従って各国の駐在使節は受け入れても、自らが外国に常駐使節を派遣することはなかった。東京への常駐使節派遣は大きな変化であり、その使節に内務府の役人を任命したのは、清の介入を避けて計画が練られた証左と言える。

一八八七年八月三日、朝鮮公使館創設のため内務府の協弁閔泳駿《ミンヨンジュン》が東京に派遣された。閔泳駿の役職である協弁は、国王に直接入侍《にゅうじ》できる高位だった。このとき袁世凱は朝鮮政府の駐日公使派遣の動きに反対せず、清の介入はなかった。

駐日公使一行が出航したのちに朝鮮政府は、アメリカへ内務府協弁の朴定陽《パクチョンヤン》を、英・独・露・伊・仏へは内務府の協弁沈相学《シムサンハク》を、それぞれ全権大臣として派遣することを決めた。欧米諸国への全権大臣派遣は、袁世凱の介入を避けて、国王を中心に独自に打ち立てた政策と考えられる。

袁世凱は、この欧米諸国への全権大臣派遣に反対し、上司である李鴻章にも報告して、朝鮮政府に派遣をやめるよう伝えた。しかし、朝鮮政府は、朝米条約に基づくものと、全権大臣派遣を譲らなかった。そのため李鴻章は全権大臣が任地で守るべき、三つの約束を課した。

①任地では、まず中国公使館に赴き中国公使の案内のもと赴任国の外部に行くこと、②公式の宴会などでは中国公使の後に随《したが》うこと、③重大な交渉や緊急事態があれば、まず中国公使に相談して指示を受けることである。

上／駐米公使一行　中央に朴定陽
下／駐米朝鮮公使館内　太極旗の上には額に入った光化門の写真が飾られている

しかし、アメリカに到着した全権大臣朴定陽は、駐米中国公使館を訪れないでアメリカ国務長官との会見を済ませ、さらには大統領に高宗の国書を奉呈した。約束違反を知った李鴻章と袁世凱は朝鮮政府を厳しく叱責《しっせき》した。しかし、朝鮮政府は欧米諸国への全権大臣派遣は欧米諸国との条約に従ったもので、その条約締結は清の承認を得ており、全権大臣派遣も清は了承済みではないかと反論した。

朴定陽もアメリカから帰国後、中国の使節とともに国書を伝えるのは公例になく、アメリカが国書を受け取らない可能性があったと反論した。アメリカが朝鮮の国書を受け取らない事態になれば、朝鮮にとっての屈辱にとどまらず、朝鮮の上国である中国の羞恥《しゅうち》ともなっただろうと述べ、朝鮮政府も朴定陽を擁護した。

朝鮮の内政外交に干渉し始めた清に対して、朝鮮は完全に独立して対等な関係を築こうとまでは考えていなかった。ただ、朝鮮の自主を尊重しない清が、朝鮮が描く中華秩序のあるべき宗主国の姿と異なり、反感・不信感が募ったのだ。

欧米列強、日本の「知らないふり」

一八九〇年、高宗の即位直後に垂簾聴政を行っていた大王大妃趙氏が死去したときにも、同様の問題が起きた。

宗属関係では「属国」の国王や王妃、王大妃、大王大妃などが死去した際、宗主国にその死を伝える告訃使《こくふし》を遣わし、宗主国から「属国」への弔勅使《ちょうちょくし》派遣を請うのが慣例だった。弔勅使は、死者を弔《とむら》う中国皇帝の諭旨《ゆし》を携えて特派される。国王はその受け入れにあたって、臣下としての礼を尽くさなければならない。その儀礼は、国王自らが漢城西郊の迎恩門《ヨンウンムン》まで出向いて勅使を迎えるなど詳細に決められていた。

当時の漢城には、条約によって公使・領事など、すでに多くの外国人が暮らしていた。そのため、高宗は慣例に従って勅使に対し「属国」の礼を尽くす自身の姿を外国人に見られることは、朝鮮の国家的体面を傷つけかねないと憂慮した。朝鮮政府は告訃使を通して、財政難を理由に皇帝に弔勅使派遣停止を要請した。たしかに勅使の迎接《げいせつ》には莫大《ばくだい》な費用が掛かる。財政難を理由としたのは単なる口実ではなかった。

しかし、皇帝は弔勅使派遣停止要請を受け入れなかった。ただし、朝鮮の財政状況を慮《おもんぱか》って、従来の陸路ではなく海路で勅使を派遣し、勅使は朝鮮側が提供する贈物を受け取ってはならないと命じた。陸路ではなく海路で派遣するほうが、外国人が多く暮らす開港場（仁川《インチョン》）を通るので、かえって勅使に対する朝鮮側の迎接を外国人が目にするところとなる。朝鮮が中国の「属国」であることを対外的に知らしめたかった袁世凱にとっては願ってもないチャンスとなった。結局、高宗は中国皇帝の命令に逆らうことはできず、弔勅使の郊《こう》迎《げい》を含めた儀礼を宗属典礼に従い行った。

このときに高宗が弔勅使を迎え入れる儀式を見た外国人の記録が残っている。漢城駐在フランス公使V・C・プランシーが本国に宛てた報告書である。

プランシーは、朝鮮が清に毎年朝貢する事実以外に、朝鮮国王に課される儀礼・儀式の実態について調べている。それを明確に示すものとして、国王即位の承認要請と中国使節の接待などを挙げ、これらは国際法でいう君主権とは矛盾する行為だと報告している。今回の弔勅使迎接もまさにそれに該当し、朝鮮が中国に仕えていることに疑問の余地はないと記していた。

ただ、そのような宗属関係の実態を目の当たりにし、中国に仕える朝鮮に驚きながらも、プランシーは「公式的には知らないふりをした」と本国に報告している。こうした対応は、漢城に駐在した各国代表も同様だった。

欧米列強が、朝鮮の清に対する立場を把握しても、「知らないふりをする」ことで、朝鮮をとりまく東アジア国際関係は絶妙なバランスが保たれていた。日本もこの時点ではまだ欧米列強と同じ対応だった。何より朝鮮自身がこの在り方を肯定していた。

こうした朝鮮をとりまく絶妙な国際関係のバランスが崩れるきっかけとなるのが、一八九四年に始まる日清戦争だった。

第1章　真の独立国家へ——一八九四〜九五年

日清戦争は世界史の分水嶺《ぶんすいれい》と言われる。日清戦争の前と後では、中国の存在感がまったく異なるからだ。東アジアで中華秩序は旧習となり、中国の空白を埋めるかのように日本が勃《ぼっ》興《こう》し、日本を警戒するロシアが台頭する。こうした列強の角逐《かくちく》の中心にあった朝鮮はどこへ向かうのか。

この章では、清の影響力が減退していくなかの朝鮮の動向を見ていく。

1　日清戦争の勃発——朝鮮をめぐる戦い

東学党の乱——日清の朝鮮派兵

一八九四年二月、朝鮮半島南西部の全羅道《チョルラド》で、この地の官吏の悪政が極まり、東学《とうがく》の指導下に民乱が起きた。東学とは西学（キリスト教）に対する用語で、風水思想や儒教、仏教、

大鳥圭介（1833〜1911）

道教の教理を土台にした、主に農民大衆にとっての新興宗教である。

農民も加わって民乱が勢いを増すなか、朝鮮政府は自力での鎮圧は困難と考え、宗主国である清に派兵を要請した。それに対して日本は、済物浦《さいもっぽ》条約と天津《てんしん》条約という二つの条約に基づき朝鮮へ出兵する。

済物浦条約は、一八八二年の日本公使館が襲撃された壬午《じんご》軍乱後に結ばれたもので、公使館護衛の軍隊駐留権などを認めていた。天津条約は、一八八五年に金玉均《キムオッキュン》らが自主独立を目指した甲申《こうしん》政変後に日清間で結んだ条約で、朝鮮有事による派兵の際の相互通告などを決めていた。日本は清軍の朝鮮到達に遅れることなく軍隊を派遣する。

しかし、東学の民乱は収拾しつつあり漢城《ハンソン》《かんじょう》は平穏だった。漢城駐在の大鳥圭介《おおとりけいすけ》公使は、混成旅団の漢城招致の口実のために、国王に内政改革を要望する。伊藤博文《いとうひろぶみ》ら日本政府中枢は、日清共同による朝鮮内政改革を構想していたのだ。日本が意図する内政改革とは、甲申政変の目的をさらに進め、清の影響力を排除して朝鮮を独立国とし、国王をはじめ既存の政権を改革して近代化を目指すものだった。清がこれに反対すると、日本は軍隊の駐屯を背景に清勢力を打破して、単独で内政改革に着手させようとしていた。

大鳥公使は六月二八日、朝鮮政府に対し、清が日本に送った朝鮮派兵を伝える文書のなかに「保護属邦の旧例」という表現があるが、「保護属邦〔属国を保護する〕」の四字、つまり朝鮮が中国の属国であることを認めるか否か、翌二九日までに回答するよう求める文書を送った。

この文書を受け取った朝鮮政府は、その返答について袁世凱《えんせいがい》とも相談しながら、日本の慶應義塾に留学経験がある兪吉濬《ユギルチュン》と法律顧問のアメリカ人C・R・グレートハウスらが協議した。結局、袁世凱は李鴻章《りこうしょう》に指示を仰ぎ、李鴻章は日本が中華秩序に即した解釈をしない可能性を考慮して、「保護属邦」の四字については回答を避けるよう指示した。その結果、一八九四年六月三〇日、朝鮮政府は次のような回答を日本公使に送った。

日朝修好条規第一款に、「朝鮮は自主の国で、日本と平等の権を保有する」との一節があり、本国は条約締結以来、あらゆる両国の交際や交渉案件を自主平等の権利に基づいて処理してきた。このたびの中国への請援《せいえん》も、わが国の自由の権利である。日朝修好条規に少しも違《たが》うところはない。本国は日朝修好条規を遵守《じゅんしゅ》し、真面目《まじめ》に挙行している。本国の内政外交が自主であることは、もとより中国も知るところである。

（『舊韓國《きゅうかんこく》外交文書』第二巻〔日案二〕二八九三）

朝鮮は中国の「属国」であるか否かを曖昧にし、中国との関係を「自由の権利」に基づくものと表現して返答したのだ。李鴻章や袁世凱はこれまで、朝鮮が中国の「属国」であることを、近代国際関係の属国に引きつけて解釈し、条約体制の論理や用語を駆使して対外的にアピールしようと苦心してきた。だが、明言を避けたこのときの回答は、清の朝鮮における勢力後退を如実に示すものだった。

日本による朝鮮内政改革要求

一八九四年七月三日、大鳥公使は朝鮮政府に、中央政府と地方の制度改正、人材採用、財政整理などを求める内政改革案綱領五条への回答を迫った。

この改革案は、一八八四年の甲申政変で掲げられた政綱の内容と重なる部分が多い。さらに、五日前の六月二八日付で陸奥《むつ》宗光《むねみつ》外相が大鳥公使に宛てた訓令には、次の二つの項目が加わっていた。

一つは、「交通の便を起すこと」で、仁川《インチョン》・釜山《プサン》その他要地への電信線の敷設、釜山・漢城その他の地への鉄道敷設、郵政事業の普及。もう一つは「帝国の利益に関する事項」として、清国人だけが朝鮮で持っている一切の利益を日本人にも同様に求めるものだった。つまり、日本政府は朝鮮での利権獲得も意識した内政改革を求めていた。

朝鮮政府は、袁世凱と天津にいる李鴻章に相談したが、大軍を率いて内政改革案の受理を迫る日本になす術《すべ》がなかった。高宗は日本が求めた改革案に取り組む委員三名を任命したが、その直後、袁世凱は病と称して帰国してしまう。

七月一〇日、委員三名と大鳥公使、杉村濬《すぎむらふかし》書記官らが初めての会談を持った。日本側は三委員に対して内政改革案を提示したが、そこでは陸奥外相が求めた二項目も追記していた。日本が作成した内政改革案は、朝鮮の国情を研究した結果と経験によるもので、改革の方向性は誰も否定せず、袁世凱の代わりを担った唐紹儀《とうしょうぎ》さえもやむを得ないと認めるほどの内容だったという。

しかし、朝鮮は日本が求めた期日内には返答をせず、内政改革案には基本的には同意するものの、あくまでも日本軍の撤兵が先だと考えていた。

それに対して大鳥公使は、朝鮮に駐屯する清軍撤退を要求し、朝鮮が独立自主国である証明を求めた。具体的には、宗属関係を明文化した中朝商民水陸貿易章程をはじめ、宗属関係と不可分の二章程（中江《ちゅうこう》通商章程・吉林《きつりん》貿易章程）の廃棄要求である。日本は中国との宗属関係の完全解決を朝鮮政府に迫っていた。

朝鮮政府は唐紹儀と相談のうえ、先の回答と同様、「朝鮮は自主の国で、日本と平等の権を保有し、朝鮮の内政外交が自主であるのは中国の知るところである」との返答を繰り返した。そのため、七月二三日、ついに日本は、隠居していた高宗《コジョン》の実父大院君《デウォングン》を担ぎ出し、軍隊も動員して朝鮮王朝の宮殿（景福宮《キョンボックン》）を包囲・占拠して政権を倒し、大院君を首脳とする新政権を樹立させた。クーデターである。

日清戦争下の宗属関係の廃棄

日本にとって、日朝修好条規以来、積年の中朝間の宗属問題に真っ向から取り組むときがきていた。

一八九四年七月一九日、さらなる朝鮮進出を目論《もくろ》む日本は、その障害となる清との開戦を決定する。外相だった陸奥宗光は、『蹇蹇録《けんけんろく》』で日清戦争の主因は「清韓宗属」の論争にあったと評している。朝鮮王宮の占拠が行われた七月二三日、連合艦隊はすでに佐世保《させぼ》を出航していた。そして七月二五日早朝、朝鮮半島西岸の牙山湾《アサン》にある豊島《プンド》付近で日清間の戦闘が始まる。この豊島沖海戦での日本の勝利の結果、牙山に増派される予定の清側兵力を半減させた。

七月二五日、大島義昌《おおしまよしまさ》旅団長は混成第九旅団主力を率いて牙山へ向かった。翌二六日には、大鳥公使から、牙山の清国軍隊を国外に駆逐する依頼の公文を受領した報告が大島旅団長のもとに届いている。これは大鳥公使らが朝鮮政府を強迫して出させたものだった。

結局、日本は一一月までに遼東《りょうとう》半島の旅順《りょじゅん》を占領し、日清講和の折衝にあたってアメリカに仲裁役を依頼できないか、打診が始まった。日清間の「清韓宗属」の論争は、日本の勝利が見えていた。

他方で、日清戦争と併行して朝鮮では次節で詳述する「甲午改革《こうごかいかく》」と呼ばれる近代改革が着手される。それは、金玉均らによる甲申政変を継承しながら、同時に日本の進出の端緒《たんしょ》ともなるものだった。朝鮮が内政改革をするには、まず清との宗属関係を解消する必要があった。これは甲申政変でも強調されたことである。

日清開戦直後の七月二五日、朝鮮政府は清に対して宗属関係を明文化していた三章程の廃棄を一方的に通告していた。大鳥公使の最後通牒《つうちょう》を受け入れたのである。この通告によって、一六三七年から二五〇年以上続いた、清と朝鮮の宗属関係が終焉したと見ることもできる。

ただ、清への三章程廃棄の通告は、明らかに日本の軍事的圧力のもとに行われた。高宗をはじめ政府重鎮は、対日交渉について袁世凱や唐紹儀などに相談していたように、あくまでも宗属関係を軸にしており、清との関係を自ら絶つ意志はなかった。

2 甲午改革——日本主導の近代化

政治制度の改革

甲午改革は、日清開戦とほぼ同時期の一八九四年七月から、後述する高宗がロシア公使館に避難（露館播遷《ろかんはせん》）する九六年二月まで続いた朝鮮の近代化改革である。

甲午改革は、政治制度、財政・金融制度、地方制度、軍事制度、警察制度、教育制度の広範にわたった。日本の明治維新をモデルに企図した甲申政変の精神を継承し、かつ日本政府の人的・財政的支援を受けて行われた。甲午改革は日本式の近代化モデルを朝鮮に移植した改革と言うこともできる。また、朝鮮人官僚らも主体的に取り組み、のちの独立協会が目指す改革に先行するものや、皇帝専制国家・大韓帝国誕生の素地となるものもある。ただ、こうした日本の力を借りた上からの改革は、民衆の目には、近代的側面も日本の侵略に映った。甲午改革を具体的に見ていこう。

政治制度では、日本の元老院や枢密院官制に範をとり軍国機務処《ぐんこくきむしょ》が設置された。軍国機務処は、国王親臨《しんりん》・諮詢《しじゅん》のきまりはなく、そのため随時開会でき、一切の政務・軍事は軍国機務処会議の審査を経なければ施行できない超政府的独裁機関だった。

1−1　甲午改革新設政府機構

新政府機構名	新政府機構の長	該当する旧政府機構名
議政府	総理大臣	旧議政府
宮内府	宮内府大臣	旧内務府
内務衙門	内務大臣	旧吏曹
外務衙門	外務大臣	旧統理交渉通商事務衙門
度支衙門	度支大臣	旧戸曹
軍務衙門	軍務大臣	旧兵曹
法務衙門	法務大臣	旧刑曹
学務衙門	学務大臣	旧礼曹
工務衙門	工務大臣	旧工曹
農商衙門	農商大臣	なし（新設）

出典：『韓末近代法令資料集』Ⅰおよび「近代朝鮮に於ける政治的改革（第一回）」を参照し作成

総裁には金弘集《キムホンジプ》が就いた。その他のメンバーは、先の甲申政変を批判し穏健開化派と評される金允植《キムユンシク》や魚允中《オユンジュン》、さらに初代駐米全権大臣だった朴定陽《パクチョンヤン》などの従来の重鎮官僚に加え、日本の慶應義塾に留学経験もあり日本の事情に詳しい兪吉濬《ユギルチュン》などが加わった。

一八九四年七月三〇日、成立直後の軍国機務処は、数々の議案を議決し朝鮮の伝統を改めようとする。科挙や身分差別の廃止、罪人の家族なども罰せられる縁坐《えんざ》の廃止、早婚の禁止も含まれた。特に注目すべきは、公文書で開国紀年、つまり朝鮮独自の暦法の採用と清との条約を改正して特命全権大使を各国に派遣することだった。

甲午改革は、朝貢体制と条約体制の狭間《はざま》で苦悩した朝鮮にとって、宗属関係を廃棄し独立国たることを内外に知らしめようとするものだった。

その他の中央政府の新政治機構は、議政府と宮内府および1－1のように八衙門《がもん》からなった。

議政府のもとには、軍国機務処をはじめ、都察院《とさつ》、中枢院、会計局や官報局など九つの機関が付属した。

並び立つ宮内府は、王室・戚族関係の事務を管掌した。宮内府は内務府を継承した組織である。宮内府の名称は日本の宮内省に由来するが、実態は異なる。

朝鮮では、中国皇帝に冊封された国王が最高権威で無限の権限を持ちながら、戚族や名門家門出身の重鎮官僚が政治を主導し朝令暮改もたびたびだった。そのため日本政府は、朝鮮と清の宗属関係廃棄の次に、宮中の非政治化を大きな目的としていた。甲午改革を担う金弘集政権も議政府と宮内府を分立して、宮中を非政治化し、王権を縮小させて国王が持つ人事権を制約することで、議政府に権力を集中させて強力な中央集権的な統治・行政体制を樹立しようとしていた。

しかし、朝鮮には国王直属の機関があまりに多かった。それらを宮内府にそのまま移管したため、宮内府は議政府よりも複雑で、権限も過大となった。

なお、一八九五年一月一一日、議政府は内閣と改称される。

財政改革の試み――度支衙門の設置

甲午改革で重要な財政・金融制度、地方制度、軍事制度、そして教育制度がどのように改革されたかを簡単に見ていこう。

まず、財政・金融改革である。これまで王室が政府から独立した会計を持ち、歳出入が不明だったうえ、近代的文物の需要や制度改編があり、財政は困窮していた。

甲午改革では、全国の財政を一括して所管することを目指して、日本の財務省に当たる度《たく》支衙門《しがもん》を創設する。度支衙門は、国家財政の出納と租税・国債・貨幣などを管理し、地方財政も監督した。これは、甲申政変を起こした金玉均が「一四ヵ条の政綱」にも記したもので、その考えが継承されたと言える。

度支衙門への財政一元化は、別会計だった王室財政の廃止につながる。しかし国王はこれを嫌い、「内蔵院」(のちに内蔵司)という独自の財政機関を新設し、王室が持つ国内のあらゆる財源をその所管とし、度支衙門の介入を防ごうとした。度支衙門と内蔵司の財政二元体制は、大韓帝国期にも継承されることになる。

悪銭の発行により、流通が混乱していた通貨の整備にも着手した。銀本位制を採用した「新式貨幣発行章程」を定め、新式貨幣と同じ質量の外国貨幣の通用も認められた。一両＝一〇銭＝一〇〇分で、銀五両が日本の一円銀貨に相当した。

こうした改革の資金は、朝鮮政府に十分ではなく、日本政府の借款《しゃっかん》に頼った。しかし度支衙門は、土地所有権の再分配や検地事業はできず、甲午改革では抜本的な財政・金融改革は行えなかった。

地方制度——八道廃止、二三府・三三七郡の設置

地方制度改革は、日本政府との連携不足で不信を抱かれた大鳥公使の更迭後に加速する。後任公使として、内外に精通する井上馨《いのうえかおる》前内務大臣が就き、一八九四年一〇月二五日に着任、一二月に朴泳孝《パクヨンヒョ》らを復権させた新政権を樹立する。

朝鮮の地方行政体制は、八道（京畿道《キョンギド》・忠清道《チュンチョンド》・慶尚道《キョンサンド》・全羅道《チョルラド》・江原道《カンウォンド》・黄海道《ファンヘド》・平《ピョン》安道《アンド》・咸鏡道《ハムギョンド》）を基本に、五つの留守府（開城《ケソン》・江原《カンウォン》・広州《カンジュ》・春川《チュンチョン》・水原《スウォン》）、三つの監理署（仁川・釜山・元山《ウォンサン》）、そして牧・郡・県などに編成されていた。これらは複雑なうえに、地方行政官吏の任命権は国王にあり、売官売職がまかり通る腐敗の温床だった。

一八九五年六月一八日、日本の内務大臣に当たる内部大臣朴泳孝のもと地方制度改革が公布される。朴泳孝は日本の地方制度にならい、八道を廃止し、全国を漢城府・仁川府・東萊《トンネ》府・開城府・平壌《ピョンヤン》府などの二三府に分け、府・牧・郡・県を廃してすべてを三三七郡とする統廃合を断行した。

また、地方官の官制も改めた。各府の長である観察使は内部大臣の指揮監督に属させるなど、地方行政の効率性を高め、近代的な中央集権国家を実現しようとした。ただ、この改革は当時の地方民情を無視したため、民衆の反感を招くことになる。

軍事制度

一八九四年七月二三日の日本軍による朝鮮王宮占拠以降、朝鮮軍は事実上解体し、朝鮮国王の護衛や地方の治安は日本軍が担っていた。朴泳孝が政権に就いた一八九四年末以降、軍事制度の改革が着手される。

数万名から構成される強力な近代的常備軍の創設を望んだ朴泳孝は、一八九五年四月二〇日公布の軍部官制で、日本陸海軍の制度にならい軍部大臣以下に陸軍将校を充てた。軍服も日本陸軍将校の服装を模範とし、五月三日には「陸軍服装規則」を出し、軍服、外套《がいとう》、軍帽をはじめ刀や靴などもすべて西洋式となった。

服制の西洋式への変更は、高宗をはじめ高位官僚にとっては受け入れがたい変化だった。そのため、甲午改革では陸軍と警務使の服制改革にとどまる。

さらに、精強な男子を選抜して「訓錬隊」を編制した。計画では一八九五年末までに六個大隊約三〇〇〇名の兵力を漢城・平壌など主要都市に配置する予定だった。六月一三日には

「訓錬隊士官養成所官制」を施行し、貴賤《きせん》を問わず一般より募集した。
だが、直後に朴泳孝が失脚、日本に再亡命し、また一〇月には後述する閔妃《ミンビ》殺害事件に訓錬隊が加わっていたことから非難が高まり、訓錬隊は解散させられることになる。

教育制度改革――儒教教育と近代教育の混合

もともと朝鮮では、漢城の成均館《ソンキュンカン》《せいきんかん》を頂点に各地に郷校《ヒャンキョ》《きょうこう》があった。成均館は儒教の教育機関として前王朝の高麗時代末に設置され、朝鮮王朝時代の長きにわたって人材養成と儒学教育を担当した。郷校は地方で儒学を講じる官設学校である。成均館・郷校のような教育機関は朝鮮王朝が運営し、初等教育は各地の儒者が担っていた。五歳から八歳頃には漢文と儒教の経典を学び始め、科挙を軸とする教育・官吏登用制度を支えてきた。

ここでは、儒教の教えである「男女の別」が厳守され、男子は男子室で修学し、寝食にいたるまで女子と交わらなかった。なお、中国の古典を学ぶことが尊ばれ、通訳や医学を扱う技術職は下位、肉体労働は学問から最も遠いところにあった。

甲午改革による教育制度は、近代的な実用教育制度を樹立し、「利国便民」「富国強兵」を目指そうとしていた。科挙を廃止し新しい官吏任用制度を採択することで、伝統的な儒学教育の枠を出て、ハングル、朝鮮史、数学、物理などを学ぶ近代的学校教育へと変わっていく画期的な転換となる。外国語学校も設立され、慶應義塾などへの留学生派遣も行った。

他方で、成均館は廃止されることなく存続した。一八九五年九月二七日に「成均館経学科《けいがく》規則」を定め、成均館経学科では従来の儒学教育に加え、万国史や万国地誌、算術といった近代的な学問の習得が課される。近代的な学問と伝統的な儒学教育をともに振興させようとしていた。

一八九五年九月七日に日本の小学校令にならって、「小学校令」が公布された。義務教育ではないものの、満八歳から満一五歳の男女を対象に、国民教育の基礎と知識・技能の習得のための小学校設置（官立・公立・私立）が定められ、官立は国庫、公立は府・郡が支弁し、私立は地方財政と国庫が補助すると決められた。しかし、地方財政制度が未整備だったうえ、在来の教育制度とのつながりがうまくいかず定着しなかった。

甲午改革の「小学校令」は、朝鮮で初めて初等教育に国家が直接関与したものだった。だが、日本の制度を過度に意識し、朝鮮の伝統的な教育の在り方と適合せず、官立小学校と漢城の公立小学校が中心となって運営されるにとどまった。

甲午改革は、朝鮮に「国民」を創《つく》り出すことも目的の一つであった。だが制度改革の恩恵は、漢城を中心とした都市部のエリート層にとどまり、地方へは十分に広がらなかった。このことは、のちに近代化を推進する独立協会の活動が都市部に限られたことにもつながる。

3 宗属関係の終焉——洪範一四条の誓告

洪範一四条と下関条約

日清戦争下、甲午改革が進む一八九五年一月七日、高宗は百官を率いて、朝鮮王朝の王と王妃の位牌《いはい》を奉安する宗廟《チョンミョ》《そうびょう》を詣《もう》で、霊前に次のような誓告文《せいこくぶん》を奉じた。

朝鮮王朝が始まって五〇三年が経《た》ちますが、朕の治世になって時運が大きく変化し、文明が開かれてきました。友邦の真心からの計画と、朝廷の意見が一致し、「自主独立こそがわが国を強固にする道である」ということでございます。（『承政院日記』『高宗実録』高宗三一〔一八九四〕年一二月一二日）

この誓いの「友邦」とは日本である。「日本の真心からの計画」で、朝鮮が「自主独立」を成し遂げようとする構図は、日本政府が描いた朝鮮近代化である。朝鮮政府の自主性を強調することで、欧米列強の介入を防ぐねらいもあった。誓告文は井上馨公使と先述した慶應義塾への留学経験がある兪吉濬が共同で作成していた。井上公使着任後は、日本政府の改革主導が目立つようになる。

誓告文には、「洪範《こうはん》一四条」と呼ばれる内政改革の方針も記されていた。これは広く周知させるため、純ハングル、漢文とハングル混用、純漢文の三種が作成された。

その内容は、「清国に依《よ》りすがる考えを断ち切り、自主独立する基礎を確立すること」で始まる一四条である。王室の権利を制限して王室事務と国務事務を分離すること、人民に徴税の乱行をしないこと、地方官吏の職権を明確にすること、また、外国の学問習得、徴兵による軍制の確立、そして縁坐のような懲罰の乱行禁止などが含まれた。

洪範一四条の最大のねらいは、朝鮮が清との宗属関係を断ち切り、独立国たることを国内外に広く知らしめるものだった。その他は、甲午改革が目指す政治、財政・金融、地方、教育などの制度改革目標が掲げられ、その理念の基礎を示した。甲午改革が清との宗属関係廃棄を大前提としていたことがあらためて確認できる。

洪範一四条によって、朝鮮が中国との宗属関係を清算し、独立自主国たることを誓告したことに伴い、七日後の一月一四日に国家祭祀と俗節祭祀が整理された。さらに一七日、国王以下の尊称を改正する。

中華秩序では、中国皇帝が唯一無二の存在であり、朝鮮は中国の「属国」として臣下の立場・慣習を守ってきた。これまで朝鮮国王や王大妃、王妃には「殿下」の尊称が用いられ、冊封される国の後嗣《こうし》であることを示す「王世子《おうせいし》」および「王世子嬪《ひん》」には「邸下《ていか》」が用いられた。しかし、今後は独立国家として「陛下」を用いることをはじめ、1－2のように王室構成員の尊称を変える。

1－2　尊称の変更

旧尊称	新尊称
主上殿下	大君主陛下
王大妃殿下	王太后陛下
王妃殿下	王后陛下
王世子邸下	王太子殿下
王世子嬪邸下	王太子妃殿下

出典：「奏本　王室尊称に関する件」『韓末近代法令資料集』I

国王を「大君主」と称することは、以前にも朝鮮国王が欧米諸国や日本に対して、つまり清が関与しない関係でたびたび見られた。しかし、「陛下」は中国皇帝のみの尊称だった。「大君主」を「大君主陛下」と呼ぶことはなかった。こうした尊称変更は、日本側が朝鮮に清との宗属関係を断絶させるために企図したことでもある。

しかし、日清開戦直後、高宗や大院君は密書を送って清に軍隊派遣を依頼し、日本勢力の駆逐を要請していたとされる。

同時期の一八九四年七月二九日に書かれた儒学者黄玹《ファンヒョン》《こうげん》の日記には次のような記述がある。

大鳥圭介公使が高宗を皇帝と称し、年号を使用し、断髪して洋服を着るよう言ったが、皆、大鳥の言葉には耳を傾けず、高宗を大君主陛下とし、開国紀元を使用して年号の代わりとした。

（『梅泉野録《ばいせんやろく》』甲午六月二十七日）

大鳥公使は、清からの独立を既成事実とするため、高宗を「皇帝」と呼び、中国の暦法ではない朝鮮独自の年号を創って使用するよう言ったが、大鳥の言うことを誰も聞かなかったというのである。

高宗をはじめ政権中枢は、日本が描くような近代化改革を求めず、清との関係断絶も願ってはいなかった。洪範一四条は日本に強要されている部分が大きかった。

下関条約締結——宗属関係の完全な終焉

一八九五年四月、清は戦争に敗れて日本と講和条約を締結した。この下関条約によって清と朝鮮の宗属関係の廃棄が公式に条約文として明記された。下関条約第一条には、次のように記された。

清国は朝鮮国の完全無欠なる独立自主の国たることを確認す。よって、右独立自主を損害すべき朝鮮国より清国に対する貢献典礼等は、将来まったくこれを廃止すべし。

日本は、戦争で清に勝利することで、日朝清の曖昧な関係を取り払ったのである。

一八九五年六月六日、朝鮮の独立を記念して、初めての園遊会（園遊嘉会《かかい》）が催された。もちろん高宗も参加した大規模な会だった。招待客は、朝鮮の政府高官だけでなく、外国公使・領事、外国人顧問官や教師、外国人商人までも含み、夫婦同伴で一〇〇〇名ほどになった。高宗は園遊会を楽しんだようで、次のような記録がある。

今日の園遊会は、天気もとてもすばらしく、わが政府が各国の使臣や紳士・商人とともに楽しんでおり、これこそまさにこの世界の穏やかな幸せである。朕はとても嬉《うれ》しく喜んだので、宮内府署理〔代理〕大臣金宗漢《キムジョンハン》に命じて朕の意思を宣布するようにした。たくさんのすばらしい来賓たちは、朕の意思を喜んで受け取ってくれることを願う。

（『承政院日記』高宗三二〔一八九五〕年五月一四日）

下関条約が結ばれ、朝鮮と清の宗属関係がなくなった後の言葉である。朝鮮が世界各国と対等な独立国となり、それを国内外の人々が祝ってくれることに高宗は喜ぶ。これもまた本心だっただろう。

開国紀元節の祝宴

日清戦争後、甲午改革を通して独立国であることを対外的にも強調するようになった朝鮮では、近代国家として国家樹立の日を祝うことを決めた。開国紀元節は、太祖李成桂《イソンゲ》が朝鮮王朝を建国した日を祝う慶祝日である。一八九五年から一九一〇年の併合まで、宮中や民間でさまざまな形で慶祝が行われるようになる。

一八九五年九月四日に、初めて開国紀元節を記念した大規模な宮中行事が行われた。国家典礼は公式儀礼であり、その国家の理念や価値が可視化される場でもある。そのため、以下に記す開国紀元節の宮中行事に、判然とはしないが高宗の意思がどの程度反映され、日本側の干渉がどの程度あったのかが非常に重要となる。

開国紀元節の記念式典は、次のような二部形式だった。午後三時から王宮で接見礼《せっけんれい》が行われた。接見礼は、各国公使たちが夫婦同伴で、高宗に謁見する行事だった。高宗は、写真のような翼善冠《イクソンカン》と袞龍袍《コリョンポ》（王の正服）を身に着け、南面して椅子《いす》の前に立った。公使たちは西洋式の大礼服と大綬章《だいじゅしょう》を身に着け夫人たちは礼服で、高宗に祝辞の挨拶をした。国内の高官たちも夫婦同伴で接見礼を行った。

次に、午後八時から一二時まで本格的な祝宴が行われた。祝宴は接見礼よりも重視された。開国紀元節の祝宴は、西洋式の立食パーティ形式で、テーブル一二卓、大小の国旗五つが準備された。西洋料理用の器皿とワイングラスも準備され、シェリー酒も振る舞われた。

祝宴には、国内外の高官が夫婦同伴で招待された。さらに、主催者側の王室の構成員も、国王、王后、王太子だった。国王も夫婦同伴で参加したのである。朝鮮国王夫妻が、近代的な宴会に公式的に夫婦同伴で参加した最初の場面だったと思われる。だが、朝鮮では身分の高い女性は家族以外の男性に顔を見せない習慣だったため、『高宗実録』をはじめ朝鮮側の公式記録には王后の参加は記されていない。

国王、王后、王太子は、それぞれ専用の「カマ」と呼ばれる小さな乗り物に乗って登場し

上／明から賜与され着用が始まった翼善冠を頭に，袞龍袍を身に着けた高宗，1902年頃　皇帝即位前は紅色の紅龍袍を，即位後は皇帝の色である黄色の黄龍袍を着用
下／カマに乗る高宗，1904年

た。高宗はカマのなかから勅語と祝辞を述べた。こうした高宗の対応を見ると、西洋式のパーティを意識しつつも、同時に中華の伝統的な規例を守っているようにも思われる。

さて、欧米列強が「知らないふり」をしてきた清と朝鮮の宗属関係は、下関条約によって完全に断ち切られた。日本は軍事力を背景に、朝鮮を中華秩序から引きずり出し、条約体制による近代国際関係へと引き入れた。こうした日本の朝鮮進出と国際関係の変化に、高宗はどのように対応したのだろうか。

高宗の立場から見れば、清に気兼ねすることなく、政治が行えるようになる。高宗が即位以来抱いていた明朝中華の系譜を継ぐ朝鮮中華主義はどのように現れていくのか。

先走って記せば、それは一八九七年一〇月一二日の大韓帝国成立につながることになる。

第2章　朝鮮王朝から大韓帝国へ――一八九五〜九七年

清との宗属関係廃棄は、朝鮮が直接関与できない日清戦争による下関条約で決められた。清との関係断絶を前提とした朝鮮の近代国家改革は、日本の介入による甲午改革によって進められる。

他方で、国王高宗《コジョン》の考えはどうだったのか。高宗は親政前の一八七〇年、進講の場で、野蛮な女真族の清朝皇帝が退き、将来「真天子」が現れて明朝中華を復興してくれるだろうという話を聞いていた。その話の通り清は衰えたが、中国に真天子は現れなかった。ここで高宗は自らが真天子になることを思い描く。

この章では、高宗が真天子として即位する過程を見ていく。ただし真天子は一八七〇年に夢想されたような、中華の復興だけを目指せばよいのではなく、内政改革や、中華と近代の調和・共存も考えねばならなかった。

1　閔妃暗殺、露館播遷——国王高宗の彷徨

圜丘祭祀の実施——皇帝のみに許された祭祀

一八九五年四月の下関条約によって、清との宗属関係が公式に断ち切られてから三ヵ月後の七月一二日、高宗は「圜丘壇《ファンクダン》」の建築を命じたとされる。

圜丘壇《えんきゅうだん》とは、儒教経典《けいてん》の最高神である昊天上帝《こうてんじょうてい》を祀《まつ》る祭壇で、中華の皇帝のみが天子として祭祀を司《つかさど》ることが許されていた。朝鮮では高麗王朝が九八三年に圜丘壇を導入したが、朝鮮王朝初期に明との宗属関係を考慮して廃止していた。

ここで行われる圜丘祭祀は、天子である中華の皇帝が行う儀礼で、独立した国であることを広く知らしめ、皇帝の正統性と権力強化に密接に結びつくものだった。

朝鮮の圜丘壇は、中国の圜丘壇に比べれば非常に簡素だ

圜丘壇　儒教の最高神を祀る祭壇．中華の皇帝のみが祭祀を司ることが許されていた

ったが、皇帝制度に基づく固有の祭壇であることには変わりがない。同時に、圜丘大祭を冬至と正月上辛《じょうしん》（陰暦の元旦）に行うことも定められたが、その日付などは中国のやり方（『周礼《しゅらい》』の規定）に従っていた。一八九六年一二月の冬至に、高宗は初めて圜丘壇での圜丘大祭を行う準備もしていた。しかし直前に、次に記す閔妃《ミンビ》が殺害されたために服喪中となり、代理を立てて行われた。

閔妃殺害事件

井上馨公使が着任し、日清戦争が終わってからも甲午改革は進んでいた。日本人顧問官の採用や対日経済従属化を目指した借款供与が進み、特に宮中と府中、つまり政治の別も推進された。これに対し、欧米列強が日本の朝鮮利権獲得に抗議する。列強の動向を憂慮した井上公使は、一八九五年六月、甲午改革から手を引き帰国する。この頃、高宗の后である閔妃は、ロシア公使K・I・ヴェーベルとともに、日本勢力を追い払おうと画策する。

三浦梧楼（1847～1926）

閔妃の動きを把握していた後任の三浦梧楼《みうらごろう》公使や、杉村濬《ふかし》書記官、岡本柳之助《おかもとりゅうのすけ》宮内府顧問らは、閔氏一族と対立関係にあった高宗の実父大院君《デウォングン》を担ぎ出すことを計画。一八九五年一〇月八日未明に王宮に侵入し、閔妃殺害を実行した。

王妃は害にあい、仰向きになりて、フウフウと息をして、こと切れの時なり。佐瀬《させ》〔警務庁嘱託医師佐瀬熊鉄《くまてつ》〕来りて、ハンカチにて傷口を何寸とて計りたり。王妃はこの時すでに逃れんとして逃れられず。壮士は皆、写真をもってその顔を見合わせんとす。王妃は両手にて顔をおおいたり。（『朝鮮王妃殺害と日本人』）

「写真をもってその顔を見合わせ」たのは、儒教の「男女の別」ゆえ、閔妃の顔を見た者がいなかったからである。残忍な殺害現場だった。

三浦公使は事件直後、「これで朝鮮もいよいよ日本のものになった」（『日本の韓国併合』）と語ったという。

しかし事態は、三浦公使の思惑とは反対の方向へと進む。閔妃殺害事件が高宗をはじめ朝鮮人に与えた衝撃は、この後「しこり」のように残り続けたからだ。

事件後、日本公使館側は外部大臣金允植《キムユンシク》に、訓錬隊が王宮で騒乱を起こしたが国王は無事で心配はいらないという内容（一〇月八日）と、閔妃が国政に関与したため廃位するという内容（一〇月一一日）の二通の外交文書を書かせ、米・露・独・英・仏の代表に送らせた。

だが、この凶行はアメリカ人侍衛隊《じえいたい》教官ゼネラル・ダイと、宿直していたロシア人電気技師A・J・サバチンが目撃していた。アメリカ公使とロシア公使、そしてドイツ領事は、これらの文書に反駁《はんばく》した。そのため国際世論による批判を恐れた日本政府は、閔妃殺害事件の関係者を日本に召喚し裁判にかけた。

朝鮮民衆の反日感情は高揚していた。折しも、閔妃殺害事件の一ヵ月後、陰暦から陽暦の切り替え（陰暦一一月一七日を陽暦一八九六年一月一日とする）が予定されていた。それは朝鮮王朝独自の年号「建陽」の開始のときでもあった。

時を同じくして断髪令が出され、数日中に国王を含む官吏たちが実行していた。政府は戸ごとに官吏を派遣して断髪をさせたり、断髪をしていない地方商人は漢城《ハンソン》に入城させないなどしていた。この断髪令は、「身体髪膚《はっぷ》は父母から受けたものなので毀傷《きしょう》しないのが孝」という儒教の教えを大切にし、髪を切りそろえる習慣がなく、長いまま束ねていた民衆から特に批判が大きかった。高宗も断髪はしたものの、それがわからないように帽子を被《かぶ》るなどしていた。さらに、衣冠制度改革が出され、外国の衣服制度も適用された。

こうした近代化改革に各地の両班は抵抗した。「中華を尊び夷狄を攘《はら》う」「国母復讐」を掲げて農民を組織し、反日・反近代化の義兵闘争を展開した。

露館播遷、甲午改革の終焉

一八九六年二月一一日夜明け前、高宗は女官が乗る駕《かご》に身を隠し、密かに宮殿を出てロシア公使館に避難した。いわゆる「露館播遷《ろかんはせん》」である。もちろん、ロシア公使とも合議したうえでのことだった。

閔妃を殺害された高宗は、日本に対して恐怖と憎悪を抱き、また内閣が思うようにならず政治運営で孤立を感じていた。すでにロシア公使館に避難していた李範晉《イボムジン》を通して、高宗は露館播遷を望む密書をロシア公使館に伝達していた。

露館播遷を指揮したのは李範晉・李完用《イワニョン》など国王の側近と、前ロシア公使ヴェーベルと代理公使に着任したばかりのA・N・シュペイエルだった。ロシア政府は朝鮮の内政問題を刺激することに反対したが、日英の共同を警戒したロシア公使が高宗に日英排斥を吹き込み、露館播遷を強く勧めた。高宗はこのときから一八九七年二月までの一年間、ロシア公使館に居を移して執務する。

露館播遷の直後、総理大臣金弘集《キムホンジプ》と農商工部大臣鄭秉夏《チョンビョンハ》には、閔妃殺害事件の罪で処罰する高宗の勅命が出され、警務庁に護送される途中で民衆に殺害された。度支部《たくしぶ》大臣魚允《オユン》中《ジュン》も避難の途中で民衆によって殺害され、内部大臣兪吉濬《ユギルチュン》、法部大臣張博《チャンパク》、軍部大臣趙羲《チョヒ》淵《ヨン》は日本に亡命し、外部大臣金允植は済州島《チェジュド》に配流された。

一八九四年七月に始まった甲午改革は、高宗の露館播遷によって事実上終焉した。繰り返すが甲午改革は、日清戦争以前から朝鮮政府の中枢にいた重鎮官僚に加え、甲申政変の参加者や日本に留学した者などの若手官僚が、日本政府の指揮で行った日本をモデルとした朝鮮の近代化改革だった。

漢城のロシア公使館　高宗は1896年２月から97年２月まで同館に滞在，「露館播遷」と呼ばれた

露館播遷後の内閣の布陣は盤石《ばんじゃく》ではなかった。高宗の側近勢力が内閣を組織したが、その多くは甲午改革で科挙が廃止されたこともあり、伝統的な官僚コースを経ず、高宗の寵愛《ちょうあい》を受けてその地位を確保した者、ロシアなどの外国勢力とのつながりを利用して地位を得た者だった。彼らの多くは下級身分出身の親露派だった。

それまで朝鮮王朝の政治を支えてきた既存の官僚らは、彼らを軽視し、対立は顕著になった。特に既存の政府重鎮の一人だった金炳始《キムビョンシ》は、一国の王が外国公使館に逃げ込んだことに不信感を抱き露館播遷に反対した。高宗は衆望のある金炳始を総理大臣とし新たな内閣を組織することを望んだが、金炳始はロシア公使館から出ることが先だと言って固辞し、度重なる高宗の任命も拒絶した。仕方なく、高宗は朴定陽《パクチョンヤン》を総理大臣の代理として内閣を組織させる。

内閣廃止と議政府の設置

日本の勢力を排除し、ロシア公使館に避難した高宗は、自身が考える中華の復興と近代化政策を進めようとした。なかでも注目すべきは内閣の廃止である。

一八九六年九月二四日、内閣を廃止する詔勅を出して議政府を復設した。ただ、名称は以前と同じ「議政府」だったものの中身は異なった。高宗は次のように述べている。

制度を新しく定めることは、昔のやり方にならいながら、新しい規程を参照することで、国の安寧《あんねい》が保たれる。このところ、あらゆる制度が、むやみやたらに新しくなったため、民心が安定しなかった。今度の制度は、朕が宵衣旰食《しょういかんしょく》〔政事に勤労〕して滞りなくうまくいくように、よく考えたものである。

（『承政院日記』高宗三三〔一八九六〕年八月一八日）

旧来の方法を根本にして、それにならいながら、新しい方法を参照することが、国の安寧につながるというのだ。ここでのキーワードは「旧本新参《きゅうほんしんさん》」である。高宗が甲午改革の内容を継承しつつも甲午改革のやり方を評価しなかった理由でもあり、高宗が描く国家形成だった。

甲午改革で一八九五年四月一九日に制定された内閣官制は、「国務大臣は大君主陛下を輔弼《ほひつ》」し、およその事務を内閣総理大臣と各大臣が共に行うことを決めていた。しかし、内閣廃止後の議政府官制では、「大君主陛下が万機を統領する」と記し、会議には国王が臨席（あるいは王太子殿下が代臨）することが定められた。甲午改革とは異なり、高宗の権限を強化したものだった。

ロシア公使館に滞在していた高宗は、ロシア公使ヴェーベルに、議政府の復設について相談している。ヴェーベルはロシアの国家評議会を参考にするように高宗に勧めながら、高宗が望む君主権を強化しつつ、立憲審議を強化する折衷案を提案していた。これを受けて、国王の権力強化だけでなく、国王の権力と議政府の権限が並立した形が採用される。国王の権力を制限しようとした甲午改革とは逆行するものだった。

2 「皇帝」即位の熱望——旧本新参の具現化

旧本新参の改革

甲午改革が目指した財政の度支衙門《たくしがもん》への一元化について、先述したように高宗は反対していた。とりわけ中央で専門的な訓練を受けた税務視察官が、地方で徴税にあたる仕組みは甲午改革の目玉だったが、高宗はそれを廃止し以前の形に戻した。

地方制度も、全国を二三府に分けた行政区画を一三道に戻し、各道に観察使を置いた。他方、戸口調査規則を設け、戸籍を作成して全国の人口を把握しようとした。これは新しい取り組みである。

甲午改革で教育制度は、近代的な教育と伝統的な儒学教育の振興を企図して成均館《ソンキュンカン》経学科が設置された。しかし、一八九六年七月に「成均館経学科規則」を改正し、伝統的な学問習得（経伝および史文の練習を追記）を強化した。

特に注目すべきは、高宗が、「成均館経学科」の休業日から誓告日（一二月一二日）を除外したことだ。

誓告日とは、洪範一四条を奉じた陰暦の日付（陽暦では一八九五年一月七日）である。この日は、一八九五年六月二日に詔勅を出して「独立慶日」と新たに定めていた。誓告日の削除から、洪範一四条が日本や甲午改革派に強要されたもので、高宗の意に即していなかったことがわかる。

ただし、誓告日の翌日である陰暦一二月一三日（陽暦一月一一日）が「興慶節」となる。理由は、高宗が即位した日であり、一昨年に「誓告」した日だから、国の名節に適当とのことからだ。洪範一四条を奉じた日は陰暦一二月一二日である。一日の違いは誤差とみたのだろうか。ただ、いったんは高宗が休業日から除外した誓告日を、高宗の即位日と併せてでも慶祝日としたのは、歴代の王や王妃の位牌が安置されている宗廟に誓った意味が大きかったからだろう。

なお、一八九六年七月二四日には、国家祭祀については旧来通り陰暦を用いる詔勅も出す。陰暦から陽暦への切り替えは、「清からの独立」という意味で、日本側が重視してきたことだった。しかし、甲午改革終焉後、国家祭祀の陰暦使用を高宗は宣言したのだ。

甲申政変に始まり、洪範一四条、甲午改革に連なる「清からの独立」、さらにはその先の近代国家形成は、日本から見た朝鮮の理想像である。だが、高宗が描く国家像において、「清からの独立」はさほど重要ではなかった。高宗が考える独立と、日本や甲午改革派が考える独立が違うからこそ、高宗は露館播遷に踏み切ったのだ。

では、高宗が考える独立、国家とはどのようなものだったのだろうか。

皇帝即位への道――日本への秋波

先述したように、高宗は大君主陛下と尊称を改め、尊称のうえでは清朝皇帝と対等になった。しかし甲午改革を通して自身の権限が弱化し、閔妃殺害事件で身辺の危機まで感じた経験から、高宗は皇帝になることを考え始める。それは大韓帝国の成立と表裏一体のものだった。

高宗は、一八九七年二月二〇日の露館播遷の終了以前から、皇帝即位のための具体的な計画を練っていた。それは一八九七年一月の日本の英照《えいしょう》皇太后（孝明《こうめい》天皇妃。明治天皇の母后）死去時の朝鮮の対応からも推察される。

高宗は他国以上に、日本への丁寧な弔問《ちょうもん》を政府に命じた。高宗にとって日本は、后を殺害し、自らをロシア公使館に避難しなければならない状況に追い込んだほど恐怖と憎悪の対象だった。にもかかわらず、高宗は親書を携えた特派大使を葬儀に出席させ、後日、献花もしている。こうした対応は、高宗が皇帝即位の計画に日本を利用しようとしたからだろう。

日本政府は、高宗の行動を好意的に受けとめ、高宗に「大勲位菊花大綬章《きっかだいじゅしょう》」、つまり最高位の大勲位菊花章頸飾《けいしょく》に次ぐ勲章を授与した。高宗の日本への歩み寄りは何ゆえだったのだろうか。

高宗は自身がロシア公使館にいる限りはもちろん、還宮《かんぐう》しても他国が高宗の皇帝としての即位を承認することは難しいと感じていた。そのことは、側近を各国使臣に遣わして、各国が皇帝号を承認するか否かの意向を探らせていることからもわかる。

他方、日本だけは、漢字を使用する国であることからも、皇帝号を承認する可能性があると考えた。一八九三年一〇月六日、高宗が日本公使に接見したときのやりとりを記す朝鮮政府の記録（『承政院日記』）では、天皇のことを「皇帝」と記している。漢語を用いる両国では、天皇を朝鮮で「皇帝」と翻訳表記したように、高宗に「皇帝」の名称を使用することについて、日本ではさほど問題にならないと推測した可能性が高い。

一八九七年一〇月、国王は外部協弁兪箕煥《ユギファン》を加藤増雄《かとうますお》弁理公使のもとに遣わして、各国が皇帝号を承認するよう周旋《しゅうせん》してほしいと依頼している。加藤は日本語で「皇帝」と称するには問題がなく、それで国王の対日感情が和らぐのであれば、日本の朝鮮政策にとって大変便益があると考えていた。同時に、加藤は他国で皇帝号を承認する国はなさそうであり、列国と足並みをそろえたほうが日本にとって有益ではないかとも考え、逡巡《しゅんじゅん》していた。

旧本新参の新法典——校典所の設置

一八九七年二月二〇日、高宗は一年ぶりに還宮した。表向きは王宮の修理が終わったからとしたが、実際は露館播遷への批判に耐えられなくなったからだ。

還宮後の三月一六日、大臣らを集めた会議を開いた。このとき、かつて高宗からの総理大臣指名を拒否し続けた金炳始は、旧例に戻すものは戻し、新式に従うものは従い、それぞれ峻別《しゅんべつ》しなければならないと述べた。

金炳始の主張は朝鮮の近代国家形成の機軸となる。西洋近代の要素と、明朝中華の要素を継承した朝鮮の伝統との折衷である。高宗が目指した旧本新参とも通じる。

そのため新旧法典を折衷する目的で、議政府の中枢院に「校典所《こうてんしょ》」を設置する(三月二三日)。総裁には金炳始をはじめ三名の重鎮官僚、副総裁には朴定陽や李完用など四名が就いたが、実質的には、C・W・ルジャンドルなどの外国人、高宗の側近勢力、次章で言及する独立協会の中核メンバーが業務を担った。李完用は独立協会メンバー、朴定陽も近い立場にあった。なお、ルジャンドルはフランス生まれのアメリカ人。日本で外交・軍事顧問を務め、一八九〇年三月九日に内務府の協弁に任命されていた。

五月一五日、「陸軍服装規則」に関する詔勅が出された。これは「新」の要素の導入である。甲午改革時に、文官服を西洋近代にならった服制改革を行っていたが、高宗も服制については西洋式を継承した。皇帝即位に際し、対外的に朝鮮が近代国家として可視化されることを重視したと言えよう。この点では二〇年ほど前に、宴会で日本側の大礼服着用をかたくなに拒んだことからすると大きな変化である。

しかし、校典所会議は紛糾した。高宗の側近勢力が権力を集中させて議政府を中心にした国家制度の強化を考えていたのに対し、独立協会のメンバーが高宗の国権乱用を制限しながら国家権力の機能的分離を考えていたからだ。そのようななかで高宗の側近勢力は、高宗の皇帝即位のために世論を醸成させようとしていた。

3　大韓帝国の成立――準備された「中華皇帝」

皇帝即位を求める臣下たちの上疏

一八九七年五月一日、李寂栄《イチェヨン》が高宗の皇帝即位を願う上疏《じょうそ》（請願や意見を国王に差し出す文書）を行った。李寂栄は一八三六年生まれ。一八八〇年に科挙に合格し、九四年には軍事関係を管掌《かんしょう》する兵曹《へいそう》の参議（次官補）。政権上層部の一人である。上疏の内容は、朝鮮が、檀君《だんくん》・箕子《きし》（檀君は朝鮮民族の祖神、箕子は有徳の中国人で朝鮮に封じられ朝鮮で民の教化に尽くしたとされる）の伝統を継ぎ、天下の皆から礼義の国だといわれていることを前置きした、次のようなものだった。

陛下の盛大で偉大な業績のおかげで、今日、自主独立する時をむかえ、建陽という年号を創り、〔天子にのみ用いることができる〕詔勅の語を用いて、すでに皇帝の制度を行っているのに、いまだ君主の地位にいらっしゃる。近代公法によれば「君主」も「皇帝」も同一の地位にあるが、漢語・中華の文化に馴染んで凝り固まった朝鮮人の考えにとっては、皇帝という称号が持つ意味は大きく、ぜひ皇帝に即位していただきたい。

（『承政院日記』高宗三四〔一八九七〕年三月三〇日、『高宗実録』同年五月一日）

興味深いのは李最栄が考える皇帝国家の要素が、独自の年号や詔勅という中国の皇帝像であることだ。

『高宗実録』によれば、これ以後も高宗の皇帝即位を求める上疏が続いた。だが、彼らの身分はあまり高くない。

加藤の報告によれば、高宗は皇帝称号への願望が強い一方で、他国の承認が得られない可能性が高いので、皇帝即位を求める上疏をするよう側近に内命を下していた。そのため、これまで失意の地位にあった儒者たちが、朝廷の歓心を買おうと争って上疏していた。

高宗は、上疏を受け入れなかったり、「万万不可」（まったく正しくない）と返したりした。しかし、皇帝即位に向けての準備は進んでいた。

一八九七年六月三日、議政府参政・内部大臣南廷哲《ナムジョンチョル》の建議で、史礼所《しれいしょ》が設置される。史礼所とは、皇帝即位儀礼の制定と、皇帝国に見合った国家典礼を整備する臨時の役所である。そこでは、皇帝国として行う国家典礼を整理するために『大韓礼典《だいかんれいてん》』の編纂《へんさん》が、明の『大明《だいみん》集礼《しゅうれい》』『大明会典《だいみんかいてん》』を参考にして行われた。とりわけ、高宗皇帝の即位式である登極儀《とうきょくぎ》については、『大明会典』に収録された登極儀をそのまま模倣している。これは、朝鮮が明朝中華を継承しようとする意識の反映である。高宗にとっての皇帝像は、この時点では西洋近代の'Emperor'よりも中国の皇帝だった。

八月一二日、甲午改革で定めた断髪令と「建陽」年号を取り消し、新たな年号として一五日に「光武」が決まり、二日後の一七日から使用が始まった。さらに、九月二〇日には圜丘壇の新築が提案され、一〇月一日に工事が開始された。モデルは、あくまで明の『大明集礼』に拠《よ》るもので、清の『大清会典』ではなかった。

国際法を意識した上疏

一八九七年九月二〇日に圜丘壇の新築が決まると、五日後には皇帝即位を求める上疏が再び活発になった。一〇月三日に高宗が上疏を受け入れるまでの間、連日計二〇件ほど上疏が行われた。今回の上疏は、失意の儒者による先の上疏とは異なり、皇帝即位を正当化する具体的な内容だった。

注目すべきは、高宗から皇帝即位を求める上疏を出すよう内命を受けていたとされる農商工部協弁権在衡《クォンジェヒョン》と外部協弁兪箕煥の上疏である。

権在衡は、一八七二年生まれの二〇代半ば。一八八五年に外交通商を管掌する担当官に任命されたことを皮切りに、諸外国との仕事を担った。特に一八九一年には駐日公使館の書記官として東京に赴任し、そこでオーストリア公使と朝墺修好通商条約締結に関わっていた。一八九四年の甲午改革でも、軍国機務処委員として活躍し、独立協会の発起人の一人でもある。

権在衡は『万国公法《ばんこくこうほう》』『公法会通《こうほうかいつう》』といった国際法を引用しながら、次のように述べた。

もし、「王を皇に陞《しょう》すことは、公法上、難しい」とおっしゃられたら、私は万国公法を根拠にして逐一明確に反論できます。私はかつて丁韙良《ていかんりょう》〔W・A・マーティン。中国に派遣されたアメリカ人宣教師〕が翻訳した『公法会通』を読みましたが、第八六章には、「国主は『帝』号を有さなくても、『帝』を称する国と平行な関係を持つ」とあります。

〔中略〕わが国の民は文弱で、でき上った習慣に頼ることしか知りません。それは、遠くは二〇〇〇年、近くは五〇〇〇年、中国にしたがい事《つか》えてきたからです。〔中略〕威儀を正し君主をみるところを尊くし、民心を聳動《しょうどう》させ、向かうところを示していただきたい。

（『承政院日記』高宗三四〔一八九七〕年八月二九日）

国際法に照らしてみれば、わざわざ「皇帝」に即位しなくても、高宗が他国と対等な君主であることには変わりはないが、朝鮮人は長く中国に仕えてきたために、古い習慣から抜け出せず、「皇帝」を尊ぶ。民心を奮起させるためにも、高宗が皇帝に即位していただきたい、と言うのである。さらに権在衡は次のようにも続ける。

『公法会通』第八四章には、「あらゆる国が尊称を用いることができるのではなく、名実が伴っていなければならない」とあります。さらに注には、「一四〇年前、ロシアの君主が皇帝に改称したとき、初め各国はそれを悦《よろこ》ばず、二〇数年後にようやく認めた」とあります。私がこのことから考えることは、つまり各国が承認・不承認するかは推し量ることができず、ただわが国が自らどのように行動するかにかかっているだけだということです。

（同前）

権在衡が『公法会通』第八四章を引用したのは、かつてロシア君主が皇帝に即位したときのように、高宗の皇帝即位を各国がすぐには承認しないかもしれないとの高宗の危惧を察したからだ。そこで権在衡は、他国の承認などは気にせず、高宗がどうしたいかだけを考えてくださいと言う。『公法会通』第八四章のロシア皇帝承認の例は、その後の上疏でもたびたび引用される。

なお、『万国公法』はアメリカの法学者H・ホィートンの*"Elements of International Law"*(一八三六年)、『公法会通』はドイツの法学者J・C・ブルンチェリの*"Das moderne Völkerrecht der civilisirten Staaten als rechtsbuch dargestellt"*(一八六八年)のことであり、ともに、上疏に出てきた丁韙良であるW・A・マーティンが前者を一八六四年、後者を八〇年に漢文に翻訳し、中国や朝鮮で広く読まれた国際法の書物である。

明朝中華を意識した上疏

兪箕煥の上疏もまた、その後も引用される重要な内容を含んでいる。兪箕煥は一八五八年生まれ。一八八一年に日本視察団(紳士遊覧団)の一員として日本を訪問。外交通商を管掌する担当官に任命され、一八八九年に日本公使館書記官に任命されるなど、権在衡と似た経歴を持つ。高宗の還宮後には、特命全権公使などを経て外部協弁に任命され、大韓帝国の国家形成過程で重要な地位にあった。兪箕煥は次のように述べている。

漢・唐から宋・明まで、人君の称号はただひとつ皇帝を尊んできたので、人臣はみな、人君に至尊《しそん》の位についていただきたいと思っています。ヨーロッパでは皇帝の称号はローマで初めて使用され、その後、ゲルマンはローマの系統を継いで皇帝の位号を使用し、オーストリアはローマの古地だといって皇帝だと称し、ドイツはゲルマンの系統を継ぐとして皇帝の大号を定めました。わが国家三〇〇〇里の疆域《きょういき》は世界の一区域をなし、中華に接して、衣冠文物はすべて明の制度に遵《したが》い、その正統を継いでいるので、皇帝の位号も継いではいけないことはないでしょう。また、清とわが国は均《ひと》しく東洋にあり、ドイツとオーストリアがローマの系統を引き継いでいるのと同じです。

（『承政院日記』高宗三四〔一八九七〕年九月一日）

兪箕煥は、ローマの皇帝号をゲルマン、オーストリア、ドイツが継いだことを説明し、ローマに明を置き換え、明の制度を継ぐ朝鮮が、明が用いた皇帝号を継いではいけないことはないと述べている。さらに東洋に明の系統を継ぐ朝鮮と清が対等に並び立つのは、ローマの系統を継ぐドイツとオーストリアがあるのと同じだと付け加える。

ここからも、朝鮮にとって明と清は「中国」と一つに称することができないことがわかる。明は中華の衣冠文物の手本となる至尊の対象だが、清は朝鮮と対等な明の系統を継ぐ国家なのである。

権在衡と兪箕煥の二つの上疏は根本的には異なる考え方によるが、高宗の皇帝即位という目的は同じである。

さらに、九月二九日には、七二四名連名の上疏が出され、九月三〇日から一〇月三日まで、文武百官が皇帝即位を奏上し国王がそれを認める命令を下すのを待つ庭請《ていせい》を数十回行っている。中華世界では、皇帝即位は臣下からの推戴を理想としたからだ。

陰暦九月一七日、皇帝即位式

一八九七年一〇月三日、ついに高宗は皇帝即位の上疏を受け入れた。即位日は吉日を占って陰暦の九月一七日（陽暦一〇月一二日）に決まった。陽暦は朝鮮にとって、甲午改革時に日本が無理やり持ち込んだもので、露館播遷後の一八九六年七月に各種祭祀を陰暦に戻していたが、吉凶も陰暦に基づいて考えていた。

高宗は、明の皇帝即位式と同様に、圜丘壇で一〇月一二日午前零時から四時頃にかけて、皇帝即位式を行った。高宗は、王太子および臣下とともに天地と、朝鮮王朝の太祖（創始者）李成桂《イソンゲ》に、新しい皇帝国の開国を告げる告由祭《こくゆさい》を行い、即位式を行った。天地に即位を告げるのは、政治的な権威は天命を受けることで生まれるという中華世界の理念に基づく。

高宗は、圜丘壇で盃《さかずき》を三度捧《ささ》げる「三献の礼」を行い、圜丘祭祀を率いた。このときの楽曲はすべて圜丘祭祀でのみ使われる特別な楽曲だった。楽曲は、朝鮮時代のあらゆる儀礼では見られず、明の圜丘祭祀で使われたものだった。

また、天子だけに許される「八佾舞《はちいつまい》」を初めて挙行した。八佾舞は天子の祭祀で八名ずつが八列になり総勢六四名が踊る舞で、儒教では「天子は八佾、諸侯は六佾」と決められていた。中国皇帝の諸侯だった朝鮮では八佾舞を行ったことはなかった。

他方、雅楽器で構成された編制方式である「楽懸《がくけん》」は、朝鮮の伝統的なものに通じていた。高宗の圜丘祭祀は、明のやり方だけではなく朝鮮の旧習と折衷したものだった。

高宗は午前四時頃に王宮に戻り、皇帝を象徴する金でできた椅子に座った。臣下から、一二枚からなる皇帝の服装である一二章袞冕服《コンミョンボク》《こんべんふく》を着せられ、御宝《ぎょほう》（皇帝の印）を受けた。冕服は東アジアの君主が最も重要な儀礼のときに着用する最高等級の礼服である。

即位儀式では、「朝鮮の王」として冠の前に九つの珠玉が垂れる「九旒冠《クリュガン》」に、国王が備えるべき九つの徳目の章紋（刺繡《ししゅう》）を施した「九章服《クジァンボク》」を身に着けていたが、皇帝即位式

通天冠服を着た高宗

の半ば、臣下が新たに「大韓帝国の皇帝」として袞冕服——一二旒冠に一二章袞冕服を着せたのだ。

翌一〇月一三日には、高宗は皇帝として皇太子と皇后を冊封した。冊封儀式のために高宗は皇帝の朝服（礼服）である通天冠服を着用した。儀式で着用した皇帝の装いはすべて準備されていた。それは前もって朝鮮における「真天子」の創出、言い換えれば明朝中華を継承した皇帝即位が、八ヵ月前の露館播遷中から計画されていたことを意味する。皇帝即位の上疏に「万万不可」と返しつつ、皇帝即位の準備を着々と進めていた。

皇帝の即位に伴って行われた関連儀式は、即位式をはじめ圜丘壇での告由祭、百官による祝賀儀礼、冊封儀礼、詔勅の頒布《はんぷ》など二三種だった。

大韓帝国と皇帝高宗へ

一方、対外的なお披露目は一〇月一三日午後五時から行われた。二三種の一連の儀式に各国代表は参列していない。さらに、各国公使・領事からの反発や謁見拒否を未然に防ぐため、引見の通知には皇帝即位のお披露目は記さず、「皇帝」の文字も使っていなかった。

各国使臣を引見する一〇月一三日は、新開港場居留地規則について各国代表が会議を開催する日だった。朝鮮政府は事前に予定を把握し、各国使臣全員がそろうように計画したのだろう。他方、引見に向かう米・露・仏・英・独、そして日本の公使・領事側は、事前に打ち合わせをして、高宗の皇帝即位への公的な祝辞などは行わないことに決めていた。

さて、大韓帝国政府から各国の本国政府に宛てて、皇帝即位を伝達する外交文書は一〇月一四日に発送された。各国の対応はどうだったのか。

高宗を「大皇帝陛下」と表す漢語表記での称号使用は、まず日本だった。一一月二〇日、加藤増雄弁理公使が外部大臣趙秉式《チョビョンシク》に宛て、明成《ミョンソン》皇后陛下（閔妃）の大葬儀に特派公使として派遣されたことを伝える外交文書で初めて使用し、他国に先んじた。

ロシアが外交文書で高宗に対して皇帝号を使用するのが一二月一九日、さらにフランスが翌年三月五日である。日本の高宗皇帝承認は諸国のなかでも早かった。

一〇月一四日には、国号を「大韓」と改めた。「朝鮮」を改めて新しい国号を立てたのは、朝鮮が箕子朝鮮以来、中国に冊封された国名であり、天下を支配する帝国の国号にはふさわしくないという考えに基づく。

ここに大韓帝国が成立した。以後、高宗が皇帝に即位した陰暦九月一七日は、「継天紀元《けいてんきげん》節《せつ》」という祝日となった。

第3章　新国家像の模索——皇帝と知識人の協和と不和

高宗《コジョン》の皇帝即位と前後して、国家の在り方にはさまざまな可能性があった。前章で述べた新たな法律を作るため一八九七年三月に設置した校典所では、高宗の権力をどこまで認めるかで議論が紛糾していた。

こうした背景には独立協会の結成があった。独立協会は国家の独立と近代化を追求した開明的知識人による政治団体である。一八九六年七月に結成された。それは高宗が皇帝に即位する一年三ヵ月前、露館播遷中のことだった。彼らは朝鮮が名実ともに独立国となるため、自由民権思想の普及に努め、大衆運動を展開し大きな影響を及ぼしていく。

当時、高宗も独立協会も同じ独立自主を思い描いていた。それは、朝鮮が清の「属国自主」であり、日本や欧米列強には独立自主であったことから、独立自主への一元化の動きでもあった。だが、自らの専制による帝国を意図するようになる高宗と知識人たちの考えが相重なることはなかった。

この章では、歴史の針を大韓帝国の成立前に戻し、独立協会の結成とその活動、さらには自身の専制による帝国としての国家を望む高宗の動向、そして、両者の協業から対立、弾圧を描いていく。

1　独立協会の結成——開化派知識人たちが目指したもの

開化派徐載弼の行動——『独立新聞』による啓蒙

独立協会のきっかけは、甲申政変で開化派の中心にいた徐載弼《ソジェピル》が、一八九六年四月に『独立新聞』を発刊したことに始まる。初めてハングルだけで記した新聞発刊の影響は大きかった。独立協会は同年七月に結成されるが、その主張の舞台を作った徐載弼の歩みを『独立新聞』の発刊まで見ていこう。そこからは、近代化を志向する朝鮮の知識人と日本やアメリカとの複雑な関係を、垣間見ることができるからだ。

徐載弼は一八六四年に、朝鮮王朝の名門一族に生まれた。一八八二年に一八歳で科挙に合格した徐載弼は、エリート官僚の道にいたが、科挙に首席合格しながら近代思想に関心を深めた金玉均《キムオッキュン》の勧めに応じ、翌年には日本の陸軍戸山《とやま》学校に入学、近代的な軍事教育や地理学を習得した。

一八八四年の甲申政変では、主役の一人として参画。失敗後、金玉均・朴泳孝《パクヨンヒョ》・徐光範《ソガンボム》とともに「四凶」の反逆者とされ日本に亡命。その後、朴泳孝・徐光範とともにアメリカに渡った。なお、当時の法（縁坐《えんざ》）により徐載弼の家族は自殺を強いられるか、惨殺された。

渡米後、帰国は難しいと考えた徐載弼は、アメリカ国籍を取得し、Philip Jaisohn と改名。一八九〇年からはアメリカ陸軍軍医図書館の翻訳官として働きながら、コロンビア医科大学夜間部で学び、医師の資格を取得した。

一八九四年に甲午《こうご》改革《かいかく》が始まると、改革の正当性を支持する政治勢力を必要とした日本は、甲申政変の四凶の生き残りの朴泳孝・徐光範・徐載弼の三名に目を付ける。八月初めに日本亡命中の朴泳孝を帰国させ、徐光範と徐載弼は駐米日本公使が帰国を促した。甲午改革では朴泳孝・徐光範が入閣。徐載弼は外部協弁《きょうべん》に任命されたが、帰国しなかった。帰国要請に首を縦に振らなかったのは、自叙伝によると、この頃にアメリカ人女性と恋愛結婚をしているため、私生活が理由だったかもしれない。

その後、失脚し再び亡命者となった朴泳孝が渡米、朝鮮の情勢を詳しく伝え聞くと徐載弼はようやく帰国を決意し、一八九五年一二月二五日に朝鮮の土を踏んだ。

徐載弼（1864～1951）

帰国後、甲午改革の中心人物たちとも通じながら、朝鮮人のための新聞発刊を決意する。日本は彼の行動に警戒の目を向ける。当時、日本の対朝鮮政策や日本居留民のための『漢城《かんじょう》新報』が創刊されたばかりで、尹致昊《ユンチホ》の英文日記によると、小村寿太郎《こむらじゅたろう》弁理公使が徐載弼やその支援者を脅して新聞事業を挫折《ざせつ》させようとしたようだ。

ハングル・英文による創刊

一八九六年四月七日、『独立新聞』が創刊される。ハングルと英文による二〇〇〇部からだった。読者獲得のために一部一銭で販売したため、一部あたりわずかだが赤字が出た。英文版では、一部一セント（one cent）、年間購読が一・三〇ドルと記されている。ちなみに当時の官報も一部一銭だった。なお、甲午改革の「新式貨幣発行章程」（一八九四年八月）で、貨幣の単位は「分・銭・両」と定められた。一両＝一〇銭＝一〇〇分である。ただ、当時は通貨単位として「元」を使うことが多く、一元＝銀五両＝日本の一円銀貨だった。

『独立新聞』はアメリカ国籍の徐載弼の所有であり、法律上はアメリカの新聞だった。ただ、その創刊経緯を見れば、甲申政変に始まる朝鮮の近代化を継ぐものである。

発行当初は、三面までがハングル版『独立新聞』、四面が英文版"The Independent"で、それを一つに綴《と》じ、火木土の週三回の発行だった。『独立新聞』は初めてハングルだけで記された点で意義は大きく、分かち書きや、理解しやすい表現がとられるなど工夫されていた。

朝鮮では、漢文が「真書」と尊重され、それを駆使する官僚が仰ぎ見られていた。他方で、ハングルは「諺文《オンムン》」と蔑まれ、学のない人々の文字とされた。『独立新聞』のハングル記述の背景には、男女、上下、貴賤の別なく広く朝鮮で民主主義の考えを根付かせたい思いと、中国の漢文よりも理解しやすい朝鮮独自の文字であるハングルを知らしめたい思いがあった。

『独立新聞』は一八九八年一月段階で、ハングル版の定期購読者は九四〇名（街販制度での購入、無料配布分も含む）、英文版の定期購読者は一八三名だった。一部を少なくとも二〇〇名が読んだという指摘もあり、漢城《ハンソン》をはじめ都市部では広く読まれたと考えられる。

독닙신문

『独立新聞』創刊号

ハングル版『独立新聞』の主筆は国語学者周時経《チュシギョン》、英文版は徐載弼で、彼は社説執筆や編集、制作の責任者でもあった。徐載弼は英文版の創刊号で『独立新聞』について次の五点を唱えていた。①朝鮮人のための朝鮮、②きれいな政治、③諸外国との友好関係の確立、④朝鮮資本による漸進的かつ安定的な朝鮮資源の開発（可能な限り外国の後見を受ける）、⑤外国書籍（歴史や科学、芸術など）の朝鮮語への翻訳である。

徐載弼は日本やアメリカでの体験から、国民・国家の形成を朝鮮に移植しようとしていた。

日本と清との比較

こうした背景には、朝鮮はまだ「独立国」としての内実を伴っていない、朝鮮人はまだ「国民」たりえないという認識があった。『独立新聞』が、国民・国家を創出するうえで、「鏡」としたのが日本と清だった。

朝鮮が独立国だと言うのなら、この世で独立国らしくしなければならない。〔中略〕朝鮮がかつて清国の属国だと言ったが、言葉ではそう言っただけで、清国は朝鮮の内政に干渉せず、朝鮮政府でどんな事柄であれ朝鮮のことは任意に何百年も行ってきた。近年になって清国が袁世凱《えんせいがい》を送りこみ、朝鮮のことに内心では思うようにしようとしたが、朝鮮政府が自制した。日本と清国が戦ったあとには、朝鮮が独立したと言葉では言うが、実情は日本の属国になったようだ。（『独立新聞』建陽元〔一八九六〕年五月一六日土曜日）

朝鮮が清の「属国」だったのは言葉の上のことに過ぎず実情は異なったが、いまは朝鮮が日本の属国になっているようだと言う。こうした日本観の背景には、「日本が二年前に清国と戦い、勝ったのちに朝鮮が明白な独立国になった」にもかかわらず、日本人が「朝鮮人に薄情」で、閔妃《ミンビ》殺害事件に関係したことへの「疑心と憤り」があったためだろう（『独立新聞』建陽元〔一八九六〕年四月一八日土曜日）。

この年二月に高宗は露館播遷したが、『独立新聞』は一八九六年の段階では、反ロシアの主張をしていない。六月二〇日土曜日の記事では、朝鮮人民は独立を知らず、清国に属する人だと思ってきたので、君主や国を愛する気持ちが自分の体を愛することにすら及ばないと憂慮している。朝鮮が独立国として振る舞い、朝鮮人が愛国心を養うことを鼓舞《こぶ》している。

他方で、清については、「清国は世界で最も退廃した国だ」（『独立新聞』建陽元〔一八九六〕年八月四日）といい、「世界で最も賤《いや》しい清国の属国から、〔朝鮮は〕いまでは世界各国と同等になり、かつては各国に領事だけを派遣したが、いまでは公使を派遣し、各国政府は朝鮮政府を自主独立した政府として接待している」（同九月一二日）と述べる。清を「中国」ではなく日本での呼称と同様に「清国」と呼び、「退廃」「賤しい」と蔑視している。

その蔑視には、『独立新聞』が甲申政変の思想を継いでいるという背景もある。福沢諭吉をはじめとした日本知識人が開化派に説いてきた論理に清蔑視があった。

他方で、『独立新聞』の発刊が軌道に乗り出した一八九六年六月には、「清からの独立」を可視化する新たな事業を始めていた。「清国に属する人」だと思ってきた朝鮮人の意識を改めるためである。それは、過去に中国皇帝が派遣した使節が、朝鮮に到着したとき、朝鮮の王世子や百官が出迎える場所で、中国の使節を盛大にもてなした「慕華館《モファガン／ぼかかん》」とその前に立った「迎恩門《ヨンウンムン》」を、それぞれ「独立館《トンニムガン》」「独立門《トンニンムン》」に改修・改称する事業である。

『独立新聞』の言う「独立」とは、日清戦争まで清の属国だった朝鮮が独立したという、日本の影響を受けた「独立」の考えであり、この段階では「清からの独立」に主眼が置かれていた。

独立協会の設立

独立協会は、この独立館、独立門そして独立公園を造成する事業のため作られた。『独立新聞』創刊から三ヵ月後、一八九六年七月二日のことである。

それに先立ち、徐載弼は六月七日に発起人一四名からなる会合を開き、二〇日に高宗の裁可も得ていた。七月二日には創立総会が開かれ、選出された独立協会委員の名簿は次のとおりである。顧問には徐載弼が就いたが非公式だった。

会長：安駉壽《アンキョンス》（会計長兼任）
委員長：李完用《イワニョン》

委員：金嘉鎮《キムガジン》、金宗漢《キムジョンハン》、閔商鎬《ミンサンホ》、李采淵《イチェヨン》、権在衡《クォンジェヒョン》、玄興澤《ヒョンフンテク》、李商在《イサンジェ》、李根浩《イグンホ》

主要な委員八名は、発起人一四名のなかから選ばれた。独立協会は二一条の規則を設けたが、中心的な事業は募金と啓蒙《けいもう》である。

独立協会は、半年後の一八九六年末までに二〇〇〇名の会員を抱え、大規模な団体に急成長した。一年間の決算書を作成した翌一八九七年八月二六日までに、七〇〇〇名以上から約五万八九七元という巨額の募金成果を上げた。当時、「総理大臣」の月給が三〇〇元、一番低い官吏の「主事」の月給が一五元である。献金は都市の富裕層や知識人、支配層などが行っていた。

高宗の皇帝即位とそれに伴う大韓帝国成立に向けた動きは、ロシア公使館から還宮後の一八九七年五月以降である。独立協会が拡大し、独立国家の象徴として独立門を建設し、国民意識を喚起する活動の急成長期は、高宗が露館播遷中のとき、つまり皇帝即位に向けた動きの半年以上も前だった。

初期の独立協会の委員には、政府官僚が多数参与していた。たとえば、会長の安駉壽は、委員の金嘉鎮とともに日本政府に近い立場で甲午改革に参画した。委員長の李完用は、委員の李采淵、李商在とともに、清の李鴻章らに干渉されるなかで派遣された初代駐米大臣朴《パク》

定陽《チョンヤン》一行の一員として訪米した経験を持つ。李完用は、後述するが内閣総理大臣として韓国併合条約に調印する人物でもある。

高宗が描く新たな国家像がまだ明確に示されていなかったのだ。

独立門定礎式と討論会

一八九六年一一月二一日午後二時三〇分から、独立門の定礎式が行われ、国内外の来賓、独立協会会員、政府各大臣、一般市民、外国公使・領事、各学校の学徒など五〇〇〇～六〇〇〇人が集まった。『京城府史』によると、独立門はロシア人技師A・J・サバチンの協力のもと、徐載弼がフランスの凱旋門《がいせんもん》をモデルにして設計したという。

独立門に国旗を飾り、その下に会長以下、独立協会会員や来賓が集まって式典が行われた。式次第を見ると、牧師による祈禱《きとう》、来賓挨拶、学徒による「朝鮮歌」「独立歌」「進歩歌」などの愛国唱歌が斉唱され、体操まで行われている。各学校学徒が大君主陛下のために万歳を唱え、独立協会のために千歳《せんざい》（万歳は皇帝の聖寿を祈念、千歳は諸侯の長寿を願う）を唱えた。独立門の定礎式は、このように西洋の式典をモデルに行われていた。

他方、漢城の人々は独立門建立事業を熱烈に支援し、多様な階層が独立門建立のために募金した。定礎式は、少なくとも漢城にいる朝鮮人を、独立協会が考えた「国民」にする重要な役割を果たした。

高宗は露館播遷中であり、独立門の定礎式には参列していない。しかし、王太子は独立門建立にあたり一〇〇〇元の大金を下賜した。さらに、「独立館」と自ら記した扁額《へんがく》を下賜した。

一八九七年五月二三日、独立館の改修が完了すると、王太子から贈られた扁額を掲げる儀式が盛大に挙行された。王太子は一八九六年末までに、さらに一〇〇〇元を独立協会の補助金として献納している。王太子の独立協会への関与は、官僚たちが独立協会に加入する大きな契機となった。一八九七年五月から七月にかけて、政府高官が独立協会委員に選出されている。それは、高宗の皇帝即位を訴える上疏が始まった時期である。

独立館に王太子直筆の扁額を掲げることで、民衆や政府高官そして王室が一体となって独立国を形成しようという機運がより高まったと言える。初期の独立協会には多様な人々が混在して参加し、王室とも友好的な関係を

独立門　1897年11月20日竣工．中国からの使節を迎える「迎恩門」があった場所に建てられた

築いていた。

しかし、一八九七年八月二九日から、独立協会が定期的に「討論会」を開催するようになると政府との間に距離が生まれる。

討論会は、議題を一つ決め、賛成・反対のディベート形式で行われた。途中参加も可能で、投票（多数決）によって主題の可否を決めることもあった。

独立協会は、甲午改革を支持し、近代制度を定着させようとしていた。そのため討論会の議題は、国家富強策、国家の自主権確保、安全保障、保健社会政策など、多様な近代化政策であり、独立協会はこうした議題を改革方向に収斂させ、集団意識や連帯感を植え付けようとしていた。時にそれは政府への辛辣《しんらつ》な批判ともなった。

前章で見たように、高宗は甲午改革の近代化を全面的には評価せず、旧本新参、つまり旧来の方法を根本に新しい規程を参考にして制度を定めようと考えていた。独立協会の討論会が始まる頃には、明朝中華を継承しながら近代国家を参照した皇帝即位が、朝鮮政府内の既定路線となっていく。独立協会に参加していた政府高官は距離を取るようになり、政府は独立協会や徐載弼を非難するようになっていた。

皇帝即位の慶祝――大韓帝国と独立協会の距離 88

では、一八九七年一〇月一二日の高宗の皇帝即位式について、『独立新聞』はどのように報じたのか。

皇帝即位式直後の一〇月一四日の論説は、「光武元年一〇月一二日は、朝鮮史上、何万年を経ても最も輝かしく栄華な日になるだろう」という文で始まり、次のように記している。

朝鮮が何千年も王国として過ごし、清国に属して属国の待遇を受けた日々が長く続き、神様がお助けになって朝鮮を自主独立国とし、一二日に大君主陛下は朝鮮史上初めて大皇帝位に就き、その日から朝鮮がただの自主独立国ではなく、自主独立した大皇帝国になったので、国にとってこんなにも栄光なことはなく、朝鮮人民は神様に感激する気持ちでいっぱいである。

（『独立新聞』光武元〔一八九七〕年一〇月一四日木曜日）

「ただの自主独立国」ではなく「大皇帝国」になったことを栄光というのは、先の皇帝即位を求める上疏に見られたように、皇帝を尊ぶことに慣れ親しんだ朝鮮民衆の気持に寄り添っていると思われる。

最後に、高宗が各国の使臣を招いて皇帝即位を伝えたことに触れ、次のように記している。

世界に朝鮮大皇帝陛下より地位が高い君主はなく、朝鮮臣民より地位が高い臣民が世界にいないので、朝鮮臣民たちがいまから一生懸命に国の慰安と権利、栄光と名誉を感じ、世界の第一等国の待遇を受ける道理をすることが、大皇帝陛下のために心を尽くすことになる。

（『独立新聞』光武元〔一八九七〕年一〇月一四日木曜日）

皇帝に心を尽くし、国を愛し、規則・礼節を守って、文明を進歩させる近代的価値観が体現できる国民の創出に言及している。

こうした独立協会が描く大韓帝国や国民は、高宗が思い描いたものと、どのように重なり、あるいは異なったのか。

高宗の皇帝即位から一ヵ月ほど経った一一月一一日、独立協会は独立協会会員、政府高官、さらに外国の公使・領事や居留民も招いて、大韓帝国成立を祝う慶祝会を主催した。『独立新聞』一一月一三日の「雑報」記事によると、慶祝会は茶菓を準備したパーティで「大皇帝陛下万歳」を唱和し、大韓は世界で自主独立する皇帝国だと声を張り上げたという。

朝鮮のナショナリズム形成を研究する月脚達彦は、この慶祝会について二つの点に着目する。大韓帝国の成立を最も祝うであろう独立協会が、成立直後ではなく一ヵ月経ってから慶祝会を行ったこと、これを伝える右の「雑報」記事の冒頭に「近日、心配で危ういことが政府に多くあり、大韓を少しでも愛し大韓独立を保全しようとする臣民は心配が計り知れない」と述べていることである。「心配」とは、政府・人民のロシア脅威への無自覚を指す。一八九七年九月頃には、独立協会が主張する「独立」は、「清からの独立」から、「ロシアからの独立」へと意味が変化し、それに伴って政府と距離ができたと指摘する。

では、「独立」する対象がロシアに変わったことで、独立協会と高宗・大韓帝国政府との関係はどのように変わってきたのだろうか。

2　皇帝のロシア接近と独立協会の反対

日露の台頭――東アジア国際関係の変化

大韓帝国成立前に少し時間を戻す。

日清戦争での清の敗北は、欧米列強の東アジア進出を加速させた。他方でロシアは、日本の軍事力を警戒し、三国干渉によって日本の遼東半島獲得を阻止した。対して日本は膨大な軍備拡張を最優先課題としつつ、朝鮮半島では日露協商論が優勢だった。日露協商論とは、朝鮮での日本、満洲でのロシアの優越権と自由を相互に認める考え方である。

一八九六年五月二六日、ロシアのニコライ2世の戴冠式が行われた。戴冠式に東アジアからは、日本の伏見宮貞愛親王《ふしみのみやさだなる》と山県有朋《やまがたありとも》、清の李鴻章《りこうしょう》、朝鮮の閔泳煥《ミンヨンファン》が国の代表として招かれた。このロシアで、日清朝の三国はそれぞれロシアと外交交渉を行った。

六月三日、A・B・ロバノフ＝ロストフスキー外相と李鴻章は、対日戦を含む露清秘密同盟条約に調印する。この条約を日本が確認するのは日露戦争後である。

六月九日には山県有朋とロバノフ＝ロストフスキー外相は「朝鮮問題に関するモスクワ議定書」に調印した。この非公開条項には、日露両軍の朝鮮駐屯を認め、朝鮮軍ができるまでは高宗の護衛は引き続きロシア軍が担うなどと記されていた。のちに西徳二郎《にしとくじろう》駐露公使はこの交渉について、ロシアは単独による朝鮮保護国化を望み、日本との共同による朝鮮半島の南北分割統治にはその意思がなかったと振り返っている。

閔泳煥は六月五日、ニコライ2世とロバノフ＝ロストフスキー外相とに謁見していた。閔泳煥は特命全権大使として派遣され、随員の一人には独立協会の尹致昊もいた。閔泳煥はここで以下五項目の支援要請書を提出した。

①数百名で構成されるロシア軍のロシア近衛兵《このえへい》による国王護衛、②ロシア軍事教官団の派遣、③ロシア人顧問官（宮内府・内閣行政・公共事業専門家）の派遣、④電信線の連結、⑤対日負債返済のための三〇〇万円の借款である。閔泳煥は「五項目の支援要請のなかで、最も重要なことは国王を護衛するロシア警護隊の派遣だ」と述べている。彼の特命全権大使とし

てのロシア派遣は、高宗の強い意向の反映だろう。当時、高宗は露館播遷中だった。

ロシアはこの要請を受け入れ、一八九六年一〇月二一日にD・V・プチャータ大佐をはじめ一〇名のロシア人兵士が朝鮮に到着した。プチャータは六〇〇〇人規模の軍隊を創設すべきという意見書を一二月二日に作り、高宗はこれに全面同意した。露館播遷はロシア公使とロシア軍の庇護《ひご》により成り立っていた。財政支援についても、一八九七年九月二五日にK・アレクセーエフが財政顧問として朝鮮に到着した。朝鮮政府は顧問だったイギリス人に不満でアレクセーエフに交代させる。

大韓帝国成立後、一八九七年一一月二一日に行われた閔妃（明成皇后）の国葬では、輿《こし》の両側にロシア式の儀仗兵《ぎじょうへい》が並び、高宗の駕の四隅にはロシア人士官が四名ずつ護衛にあたった。また一二月には、ニコライ2世が露韓銀行設立を承認し、翌年三月に露韓銀行が開業、大韓帝国でのロシアの影響力は強くなっていく。この三月には、ロシアは旅順・大連《だいれん》を租借し、あわせてハルビンから大連までの南満州鉄道敷設の権利を獲得していた。

こうしたロシアの動きに、日本とイギリスは、満洲と朝鮮半島に同時進出するものと警戒し、共同で対応したが、日露間でも新たな協定締結を模索する動きが始まった。西徳二郎外相はR・R・ローゼン駐日ロシア公使との間で四月二五日に「西・ローゼン協定」を結ぶ。日本はロシアの遼東半島進出に見合う対価として、朝鮮での商工業上の利益の認定と支持をロシアから獲得した。

この日露交渉で西外相は、日本に大韓帝国への助言と助力を与える全権を一任するのであれば、満洲およびその沿岸を日本の利益範囲外と認める、いわゆる「満韓交換論」を提案したがローゼンは拒絶していた。

独立協会の反ロシア運動

高宗はロシアを頼りにし、ロシアの朝鮮進出を求めていた。だが、強く反対の声が上がる。独立協会もその一つだった。先にも見たように独立協会はロシアへの不信を募らせていた。

一八九八年二月二〇日、独立協会の討論会が予定されていたが、国家の危機克服のための救国宣言と高宗への上疏を決議する。二月二一日には一三五名の署名を集め、翌日、会長安駉壽が高宗に上疏した。ロシア人顧問官による内政掌握などへの批判を前提としている。

国家が国家たらんとするには二つのことがあります。一つは、自立することで、他国に頼らないこと。もう一つは、国内の行政や法を自修すること。この権利は天がわが陛下に与えた大権であり、この権利がなければ国家ではありません。〔中略〕皇上におかれましては、衷心《ちゅうしん》から、三〇〇〇里の一五〇〇万の赤子《せきし》と心を一つにし、憤りや憂いを共にしてください。対内的には定めた法を実践なさり、対外的には他国に頼らないで、皇上の権利を自立し、わが一国の権利を自立してください。

（『承政院日記』高宗三五〔一八九八〕年二月二日、『高宗実録』同年二月二二日）

大韓帝国が外国に頼らず独立すること、そのための内政整備の主張である。独立協会が言う「対内的には定めた法を実践」とは、甲午改革期に日本の指導下で誓告した「洪範一四条」や各種法制の遵守《じゅんしゅ》を指すと考えられる。「対外的には他国に頼らない」は、もちろんロシアについてだ。高宗はこれに対し、「道理にかなっていることだ。どのように行動するかにかかっている」と返した。

独立協会の運動によって大韓帝国政府は、ロシア人軍事教官と財政顧問の撤退をロシア政府に申し入れ、財政顧問アレクセーエフに帰国命令を出し、三月末には軍事教官たちも朝鮮を去った。露韓銀行も五月に閉鎖し、ロシアの大韓帝国での勢力は一気に低下した。背景には、日本の対露外交もある。しかし、高宗はロシアに頼る気持ちに変わりはなかった。

先の上疏を契機に独立協会は、啓蒙団体から政治結社としての活動を本格化した。大韓帝国の自立を訴え、ロシアへの接近を批判した。独立協会の創設に協力した政府高官たちは、さらに活動から距離をとり、独立協会は在野の知識人の色彩がさらに濃くなった。

二月二七日の定期総会で選出された会長李完用は、政府側に取り込まれたため、副会長の尹致昊が会長職務を代行したが、尹致昊は民衆運動が過激化することを恐れ、活動に消極的だった。さらに五月には『独立新聞』を創刊した徐載弼が、政府の圧力によって出国させられる。独立協会は政府の役職を持たない会員が主導していく。

議会開設運動

一八九八年春頃から、独立協会は議会開設のための運動を本格的に展開する。四月三日の独立協会討論会の主題は「議会院の設立が政治上、最も緊要である」と定め、会員と国民に議会設立の必要性を説いた。

こうした動きに対して、政府は宮内府顧問官ルジャンドルを会長代行の尹致昊のもとに遣わし、諮問委員会を導入して大臣たちの考えを確認したいと伝えた。ルジャンドルは、大韓帝国は三〇年前の日本の状況に酷似していると持論を展開し、尹致昊や徐載弼の考えに反対したと、尹致昊は、四月一四日の英文日記に記している。

これに対し出国直前の徐載弼は、四月三〇日の『独立新聞』で、議会設置を目標に掲げ、そこでの皇帝・大臣・人民の職分を明快に論じた。他方で、政府は七月八日には独立協会会員の尹致昊ら四名を中枢院議官に任命して独立協会の歓心を買おうとした。

中枢院とは、甲午改革で新設された議政府に附属する官職待機所で、一八九五年三月の官制改革で議政府の諮問機関となってからは、機能の拡大・縮小などを経ながら、議会に類する役割も担っていた。今回の中枢院議官の任命は、議会開設に賛同したというよりは、活動を抑え込もうとしたと考えられる。

それは次の事例からもわかる。七月九日に、尹致昊が中枢院一等議官の立場で、一般の人々にも読めるように、史上初めて漢文とハングルを混用した文体で、議会の設立を提起する上疏を出す。しかし、これに対して高宗は「朝廷を憂い、愛するゆえの発言と思うが、身分を超えて妄論《もうろん》してはいけない」と返した（『承政院日記』高宗三五〔一八九八〕年五月二一日、『高宗実録』同年七月九日）。

七月二〇日に再度、尹致昊は「洪範一四条の遵行と、有能な人士の選抜、そして人民の議論を博採《はくさい》すること」を上疏した。しかし高宗は受け入れなかった（『承政院日記』高宗三五〔一八九八〕年六月二日、『高宗実録』同年七月二〇日）。

一八九八年二月の段階では、高宗は独立協会が主張する立憲君主政体に反対しなかったが、七月の段階では明確に反対するようになっていた。大韓帝国政府は、中枢院を議会にするのではなく、単なる諮問機関にしようとしていた。

光武改革――大韓帝国の政策

他方で、少し前になるが一八九八年五月二三日、高宗は「議政府次対規則《ぎせいふじたい》」を議定する詔勅を出した。ここでは「君臣上下が、政事についてよく相談し、政策の講究に励むべきである〔中略〕政府諸臣が会同し毎月六回の次対を行うと定める」としていた。

「次対」とは、朝鮮王朝時代から続く宮殿で重要な政務を国王に報告する会議である。六月一〇日に出された勅令による「議政府次対規則」でさらに具体的な日程を提示する。宮中と府中の別を掲げた甲午改革によって、国王が国政を議論する場に関与することが難しくなった。高宗は自ら会議に出て国政の主導権を掌握するべく、定期的な会議を復活させようとしたようだ。

何度も述べるが、甲午改革は宮中の非政治化や、国家財政の拡充という目標を掲げていた。徴税の金納化は何よりも大きな成果だった。大韓帝国期の改革（光武改革）は、政治制度の面で甲午改革を改めたところが大きいが、財政・金融制度は甲午改革の成果を継承している面が多い。

ただ、王室財政については異なる。甲午改革は王室財政を縮小しようとしたが、高宗はこれに抵抗し政府の介入を嫌い、王室独自の財政運営のために「内蔵院」（のちに内蔵司に改称）を設置していた。

高宗は皇帝即位後、皇帝権の強化を目的に、皇室財政の確保と国家運営のための度支部《たくしぶ》（度支衙門《がもん》）財政の確保という二つの目標を掲げた。ただし、高宗は度支部大臣には日常的な業務を任せるだけで、重要な事業や財政政策は皇帝直属の機関に担当させた。その結果、度支部の財源は減少し、政府機構の運営経費すら十分でなかった。皇帝は皇室独自の財源を増やすことで皇帝権力を強化しようとしていた。

たとえば、一八九八年六月二四日、内蔵司に「蔘政《さんせい》と所属各鉱」という新たな職務を加えた。蔘政は人参《にんじん》に関する政策や行政で、所属各鉱とは宮内府が持つ各地の鉱山経営である。朝鮮産の人参（特に人参を加工した栄養食品である紅蔘《ホンサム》）は品質が高く、重要な交易品で中国への献上品でもあった。一八九四年の甲午改革によって紅蔘の管理権は度支衙門となったが、皇帝が掌握することになった。

他方で、鉱山事業も重要な財源だった。鉱山事業は、甲午改革の官制改革で鉱物の測量は工務衙門、分析は農商衙門、鉱税は度支衙門が担当するようになっていた。だが、一八九五年五月、平安道《ピョンアンド》にある雲山《ウンサン》鉱山が宮内府の管理に移されたのを皮切りに、九八年六月には全国四三の鉱山を宮内府の内蔵司に移管することになった。

朝鮮半島の鉱山は、英・露・独・日本ら列強の利権争いの場でもあった。大韓帝国政府は、勢力均衡政策に基づいて列強に利権を分与したが、宮内府所属の鉱山は、外国人の関与を禁止し、皇室主導のもとに管理する。このため皇室財政は、一八九六、九七年に赤字を計上していたが、九八年から収支が合うようになり、一九〇〇年には莫大な黒字を記録する。

他方で、高宗は正確な戸口把握が国家財政をよくすると考え、一八九六年九月一日に勅令「戸口調査規則」を出した。大韓帝国期の一八九七年以降には、戸口調査の結果、実在する戸口をある程度把握できるようになる。

量田《りょうでん》事業（土地を調査し測量する事業。植民地期に朝鮮総督府が行った「土地調査事業」との混同を避けるために量田事業と呼ぶ）の着手も、地税収入を漏れなく徴収しながら、土地所有権を確立する大韓帝国の重要な政策だった。一八九八年六月二三日、全国の土地を測量することに皇帝の裁可が下った。従来の農地や家屋に限定せず、地質や山林、水質から道路にいたるまでそれは広範囲におよんだ。

土地の測量を担当する「量地衙門」も新設され、職員は各官庁から選任し、官庁をまたぐ大規模事業だった。西洋の測量技術への不信や、農村内部からは既存の階級関係の変化への反発などがあり、量田事業の開始は遅れたが、この量田事業の結果、土地の位置や面積、所有者などが把握できるようになった。

高宗は、国家財政で大きな比重を占めていた地税と戸税を再整備し、拡大させようとした。他方で、朝鮮人参や鉱山などの利益が度支部から皇室の財産に組み込まれて、それは国家財政の疲弊につながっていく。いずれにせよ、一八九七年一〇月に皇帝に即位した高宗にとって、九八年は大韓帝国の歩みの方向を定めるべく、皇帝国づくりをする時期だった。

3　独立協会の強制解散――議会開設の挫折

万寿聖節――高宗の生誕祭

一八九八年九月一〇日は、陰暦で七月二五日にあたり、高宗が皇帝に即位して初めて迎える万寿聖節《ばんじゅせいせつ》だった。万寿聖節とは、中華世界における天子の誕生日をいう。

この日、皇帝は王宮で午前一一時に、日本公使をはじめ各国公使・領事、士官、外国語教師らの慶祝礼を、正午過ぎからは政府大臣からの慶祝礼を受けた。

さらに午後九時からは、王宮から外部（外務省）に場所を移して、政府大臣らと、各国公使・領事、士官たち、そして漢語や日本語、英語などの外国語教師を招いた祝宴が行われた。立食形式の晩餐《ばんさん》と公演が行われたが、公演の主要な種目は呈才《チョンジェ》（皇帝即位式でも披露された宮中舞踊）、妓女《ぎじょ》と楽工が引率されたようである。

この万寿聖節で注目すべきは、皇帝の誕生日を宮中だけでなく、初めて王宮の外でも祝ったことである。皇帝の誕生日は王宮内および外部などの外交の場での祝賀にとどまらず、漢城市民も巻き込んで、人々がみな喜び、皇帝への忠愛の誠を表す「万民慶祝の宴」となった。これは独立協会の活動の結果でもあった。

九月一〇日、独立協会は万寿聖節慶祝会を独立協会本館で開催した。午前一一時に独立協会事務所の大庁門前には国旗が掲げられ、独立館前の庭には天幕を設けて数千人を収容できるようにし、庭の四隅には茶菓を設置した。『大韓季年史』によると、こうした慶祝宴の様子を、独立門前で官民一〇〇〇余人と各学校学徒七〇〇余人が、頭に一輪の花を飾り、柵《さく》を隔ててその周りに人海をなすようにして覗《のぞ》き見る状況だったという。

午後二時に会長尹致昊の開会の辞で始まった慶祝会では、会員が「慶祝歌」を歌い、各学校の学徒が「愛国歌」を歌い、茶菓を楽しみ、杯酌を交わした。さらに午後七時には、楽隊の先導で会員そろって王宮慶運宮《キョンウングン》の正門仁化門《イナムン》まで行き、皇帝陛下に万歳を、皇太子殿下に千歳をそれぞれ三回ずつ唱えたという。

このように独立協会の活動もあり、高宗の皇帝即位後には、漢城では大韓帝国の国民が創出されつつあった。

毒茶事件――毒物入りコーヒー

しかし、大韓帝国のその後の命運を左右することになる悲劇が、万寿聖節の翌日に起こる。

九月一一日夜一〇時頃、晩餐で出されたコーヒーに毒物が混入され、それを飲んだ皇太子が「障害」を負ったからだ。洋食を好んだ高宗は、常々コーヒーを飲んだが、この日は味がおかしかったため、少量にしていた。だが皇太子は半分ほどを飲んだという。二人はただちに吐き出したが腹痛を訴えた。コーヒーを飲んだ内侍、女官らもそれぞれ中毒症状を訴えた。

犯人は金鍾和《キムジョンファ》という二六歳の若者だった。背後には親露派で全羅道黒山島《チョルラドフクサンド》に配流中の金鴻陸《キムホンニュク》による皇帝殺害の指示があった。それは、皇帝がロシア公使館から還宮し、大韓帝国が成立する頃になると、政府内で露館播遷中に勤王勢力とも呼ばれた親露派の影響力が弱まっていたことを意味する。

いずれにせよ、この毒茶事件により宮廷内だけでなく、漢城中に騒動が広まる。独立協会・皇国協会（会長鄭洛鎔《チョンナギョン》、独立協会に対抗して政府守旧派が皇帝の意向を汲《く》んで行商人を中心に組織した団体）・皇国中央総商会（会長趙秉式《チョビョンシク》、外国資本に対抗して商圏維持のために作られた漢城府の商店組合）の三団体は共同で協議して、政府官僚の責任を問う決議を出し、今後の策を講じようとした。

独立協会の拡張、議会設立支持の拡大

毒茶事件をきっかけに、独立協会は政府大臣・警務使らの辞職を求めた。さらに毒茶事件

の犯人に、甲午改革で廃止した拷問刑や縁坐が執行されると、独立協会会員に漢城の民衆も加わり、前近代的な政府の手法を批判し、大臣らを罷免に追い込んだ。

この一八九八年に独立協会は、七月に平壌《ピョンヤン》、九月に大邱《テグ》、一〇月に義州《ウィジュ》、宣川《ソンチョン》、江界《カンゲ》、北青《プクチョン》、木浦《モッポ》、仁川《インチョン》と各地に支会が生まれ、その活動は地方にも広がり、会員は四一七三名に達していた。

独立協会は、活発に政治活動を展開しながら、当時、内閣に附属して内閣の決定に同調する機関だった中枢院を議会に改編し、立憲機関としての議会開設を通し、民意が国政に反映される体制を模索する。

一方、大韓帝国政府内部でも、初代駐米大臣の朴定陽《パクチョンヤン》など開明的な官僚を中心に、議会設立の支持者が増えていた。独立協会も開明的な官僚を中心に内閣を形成し、政府と国民が団結した自主独立国家を望むようになっていく。

一八九八年一〇月二九日、政府官僚を漢城のメインストリートである鍾路《チョンノ》に招き、独立協会はじめ各協会の会員、各学校の学徒など漢城の民衆や商人を含めた「官民共同会」が開催された。この官民共同会には、朴定陽をはじめ一五名の政府大臣と宮内府顧問官ルジャンドルが出席した。この他、各婦人会、学徒、僧徒たちも大勢参加した。

献議六条から議会設立法へ

このときの官民共同会で、従来の独立協会の主張をまとめた「献議《けんぎ》六条」が可決される。そこでは第一条で皇帝の専制権を肯定しながらも、第二条や第三条で皇帝独自の財政運営の否定を含み、第五条は皇帝独自の任命権を否定し、専制君主制を根本的に抑制している。最後の第六条では、「洪範一四条」をはじめ甲午改革以来の近代化の実践を求めていた。献議六条は政府大臣らの可決を経て、高宗に上疏し認められる。

高宗は献議六条を反映させた「詔勅　民国の急務を中外に布告する件」五条を一〇月三〇日に下した。そこには、「言論が塞《ふさ》がり、上下がたがいに勤勉し戒め励むことがないので、すみやかに中枢院章程を定め、実施すること」という内容が含まれ、中枢院官制改訂を承認していた。

この時点で、大韓帝国には立憲君主制の国家になる道も開かれていた。また、皇帝即位後の大韓帝国期に政治集会やデモがすでに行われていたことは重要である。

独立協会が主導した官民共同会が成功し、皇帝も中枢院の改正を承認すると、朴定陽を中心に、政府は「中枢院官制改正」を作成した。これは、独立協会の案をほぼ反映した内容だった。

一一月三日に皇帝の裁可を経て、四日に全一七条からなる「勅令第三六号　中枢院官制改正」が公布された。朝鮮半島で最初に制定された議会設立法である。

その内容は、第一条で中枢院は法律のみならず、皇帝の勅令についても制定、廃止、改訂する権利を持ち、皇帝の権限を制限できるとした。さらに、議政府が皇帝に上奏する一切の事項についても、中枢院を経ることとなり（第一条・第一二条）、中枢院の権能も抑制し、議会機能も備えていた。中枢院の構成員は、議長一人、副議長一人、議官五〇人、参事官二人、主事四人（第二条）で、議会（中枢院）に参加できる者は、「人民協会」に属する二七歳以上の「政治・法律・学識に通達する者」に限られ（第三条）、しばらくは独立協会で選挙を行うこととなった（第一六条）。

守旧派の反撃、高宗の怒り

だが、一一月四日、中枢院官制改正が出された直後から、守旧派大臣たちの反撃が始まる。この日、宮中茶礼のために百官が集った際、独立協会の活動に批判的な趙秉式、閔種黙《ミンジョンモク》ら守旧派は、先の官民共同会に参席し献議六条の可決に署名した大臣らの罷免を高宗に求めた。その結果、独立協会の後ろ盾だった朴定陽らが罷免される。

翌日には、議政府のトップである議政から各閣僚まで守旧派に入れ替えられた。これを許可した高宗の考えは、史料から読み取ることはできない。独立協会の活動に反対する守旧派の意見を尊重し、そのほうが自らの描く皇帝国家に近づくと考えたからだろう。同時に、独立協会をはじめ各協会の解散、集会の参加者への取り締まりが詔勅によって始まった。

実は一一月四日夜に、守旧派の工作によって匿名書が王宮の正門光化門《カンファムン》の外に掲げられた。その内容は、「独立協会が五日に大会を開いて、朴定陽を大統領に、尹致昊を副統領にするなどした共和政治に国制を改変しようとしている」というものだった。高宗はこの内容に激昂し、翌五日、独立協会会員一七名を逮捕した。会長尹致昊は事前に身の危険を察知し、外国人宅に逃げて逮捕を免れた。

こうした政府の動きに対して独立協会会員や漢城の市民などが集まり、万民共同会を結成し、会員一七名の逮捕に抗議するデモを行った。このときのデモの衝突で、靴修理工が亡くなった。独立協会と万民共同会は、「義士」として追悼し、「万民葬」を執り行った。

守旧派はロシア公使を訪ね、独立協会解散について意見を求めた。ロシア公使は、政党は国政を妨害すると助言し、独立協会解散に際して列国間で問題となれば協力すると伝え、両者は独立協会鎮圧のために兵力を用いることも考えていた。

日本は、独立協会を肯定的に受け容れていたが、そうしたことが独立協会を嫌う高宗に気づかれると得策ではないと考えていた。それは、アメリカ・イギリス公使も同様だった。ただ、当時の漢城で独立協会を支持する者が増え、独立協会の解散には民衆も反対することが予想された。そのため日本公使は、アメリカ・イギリス公使と協力し、ロシア公使が独立協会鎮圧に兵力を用いないよう働きかけた。

高宗は、万民共同会の連日のデモ活動を恐れ、一一月一二日には朴定陽ら罷免した大臣たちの懲戒を解き、独立協会会員を釈放した。他方で、同日に「勅令第三七号　中枢院官制改正」が出される。

そこでは、中枢院の議会的機能は失われ、独立協会で実施されるはずの選挙もなくなった。一一月二九日には、新たな中枢院官制を実施するため、議官五〇名が新たに指名された。その結果、守旧派勢力（皇帝派および皇国協会）が三分の二の三三議席、独立協会・万民共同会は三分の一の一七議席となった。

一二月一五日午後四時、中枢院が開院した。副議長には尹致昊が選出された。翌日午前一一時には、法規に通じ、能力と名声のある大臣候補者一一名を無記名投票で選出し、高宗に上奏することになった。そのなかに、閔妃殺害を企てたとされ亡命中だった朴泳孝《パクヨンヒョ》が含まれていた。これに高宗は激怒した。

独立協会の解散——残した意義

高宗は、もともと万民共同会を兵力で鎮圧することを希望していた。しかし、近代国家として出発した大韓帝国の体面を守るため各国の目を気にしていた。高宗は日本公使やロシア公使を呼んで意見を聞いている。

一一月下旬の段階では、アメリカ公使は兵力を用いた世論の鎮圧には反対し、イギリス公使とドイツ領事は欧米人の巡査の派遣などを主張した。加えて、独立協会や万民共同会の主張は、まったく謂《いわ》れのないものではないという意見もあった。

一方、ロシア公使は、兵力による鎮圧を肯定し、高宗はロシア公使の意見に好感を持っていた。ロシア公使は、独立協会や万民共同会の問題が起これば干渉するとすでに告げていた。さらに、大韓帝国政府が自ら解決できないのであれば、英米諸国が介入する前に、日露両国が協力して周旋しようと日本公使にも伝えていた。

日本公使は、再度の露館播遷を危惧し、大韓帝国政府が兵力を用いて万民共同会を鎮圧することを支持するようになる。

こうした各国の動向のなか、一二月二二日から高宗と守旧派政府は、デモの鎮圧のために軍隊を投入する。二五日には、独立協会と万民共同会が強制的に解散させられた。独立協会の政治運動は、武力によって終息させられたのである。

独立協会は、アメリカでの経験を持つ知識人をはじめ、漢城の民衆や商人を中心に構成された。先述したように、独立協会はハングルだけによる『独立新聞』を発刊し、初めてハングルを用いた上疏を高宗に行った。さらに、独立門竣工《しゅんこう》や国家の記念日に、民衆を動員し皆で慶祝するだけでなく、歌や万歳といった身体の動きも一緒に行うことで、愛国心を涵養《かんよう》し、近代的な国民を創出しようとした。

とはいえ、儒教の影響が大きかった朝鮮では、独立協会の活動は、漢城をはじめ都市に限定されたものだった。

ただ独立協会の主張は、政府に外国（特にロシア）への依存や利権譲渡の反対、議会の設立、公正な裁判の要求など、独立国家としてのあるべき姿を提示していた。そうした政治への要求の多くは、近代化を志向した甲午改革の流れを汲《く》んだものだった。

大韓帝国成立から日露戦争が始まるまでの一八九七年から一九〇四年の時期、朝鮮半島の外国勢力は日露が優位になりながらも決定的な地位を占める国はなかった。そのため大韓帝国は、各国の勢力バランスに目配りしながら、独自の国家運営ができる時期だった。大韓帝国成立直後には、立憲君主制としての歩みの可能性もあった。しかし、高宗はそうした動きを武力で抑え込む。高宗は専制国家を目指していた。

第4章　大韓帝国の時代——皇帝統治の現実と限界

一八九八年一二月に独立協会を解散させた高宗《コジョン》は、議会開設を望む知識人や民衆の思いを封じ、大韓帝国の運営を掌中《しょうちゅう》にした。他方、一八九八年の漢城《ハンソン》では西洋文明を採り入れたまちづくりも始まっていた。

高宗は、自身が無限の権力を持つ法整備も進め、さまざまな国家的行事も計画する。ただし、鉄道開通にあたっては、開通後に子どもが轢死《れきし》し、怒った群衆が鉄道に投石・放火する事件が起こるなど、西洋文明の導入は順風満帆ではなかった。

この章では、大韓帝国をめぐる国際関係が一時的に落ち着いた一八九八年から日露開戦までを見ていく。大韓帝国の最盛期と言っていい時代だ。まずは高宗が大韓帝国皇帝の専制大権を定めた「大韓国国制」から見ていこう。

1　儒教宗主の専制君主——旧日本新参の到達点

儒教宗主として

独立協会を強制的に解散させ、武力で民会・世論を抑え込んだ高宗は、どのような国家を目指そうとしたのだろうか。

一八九九年四月二七日、高宗は大韓帝国の宗教を儒教とし、国の儒学教育機関である成《ソン》均館《キュンカン》の官制を改正する詔勅を出している。

世界万国が宗教をとても尊び国の根本とするのは、人心を善くすることによって、政治を行おうとするためである。わが国の宗教は、漠然と尊ぶもののその内実がともなわない。わが国の宗教といえば、孔子の道ではないだろうか。〔中略〕これから、朕は東宮とともに、まさに一国の儒教の宗主として、箕子・孔子の道を明らかにし、聖祖の志を継承しようと思う。（『承政院日記』高宗三六〔一八九九〕年三月一八日）

高宗はおそらく西洋諸国のキリスト教を意識しながら、儒教がそれにあたると考えたのだろう。さらに、中華の継承者として儒教的な国家理念を基盤にしながら、皇帝と皇太子が「儒教の宗主」になろうと考えた。

後述する大韓国国制は、皇帝の無限の権限を定めるが、それは西洋近代の法制度を参照して「専制君主」であることを強調しただけでなく、朝鮮で親しく育《はぐく》まれてきた儒教の教えのなかに位置づけられる。「君臣の義」のように誰もが知る儒教の徳目を意識させ、人々に無限の君権を持つ皇帝を受け入れさせようとした。

さて、一八九九年六月、法規制定を議論するため校正所（のちに法規校正所に改称）を設置し、八月一七日に高宗は国家の法典整備の必要性を伝える詔勅を出した。

それは、「国家は、国制を頒布《はんぷ》し、国家の制度と君権を明示したのち、臣民にそれを守らせる。しかし、わが国には一定の制度がまだなく、欠典であると言わざるを得ない」といい、法規校正所に国家の制度を議論させることを命じる内容だった。

中華世界では、「制」が皇帝の命令、すなわち皇帝の法を意味し、諸侯である国王などの命令である「教」と漢語を区別していた。高宗は中華を継承した皇帝を意味するためにも「国制」を用いたのだろう。

法規校正所のメンバーは高宗に近い高位官僚で構成され、ルジャンドルをはじめ外国人顧問官も議定官に任命された。独立協会によるデモ活動に君主権への脅威を感じていた高宗は、皇帝の威厳と統治力を回復させようと考えていた。

大韓国国制の制定

一八九九年八月一七日、大韓国国制が公布された。大韓国国制は、朝鮮半島で初めて政治政体と皇帝の権限を明記したものだ。さらに、他の法律の根源ともなり、事実上、朝鮮半島で最初の憲法でもあった。

前文には、「衆議を採取するとともに、公法を参照して、国制を立案して定めたもので、本国の政治と君権を明示するものである」と記され、「これは法規の大頭脳であり大関鍵《だいかんけん》である」と規定された。「関鍵」とは物事の要《かなめ》という意味である。大韓国国制は国内のあらゆる法規の根本であり大綱《たいこう》となる。

全九条の全文は次のような内容である。

第一条　大韓国は、世界万国に公認された自主独立の帝国である。

第二条　大韓国の政治は、これまでの五〇〇年の伝来により、万世不変の専制政治である。

第三条　大韓国大皇帝は、無限の君権を享有し、公法でいうところの自立政体である。

第四条　大韓国臣民が、大皇帝が享有する君権を侵害する行為をすれば、その行為がすでに行われたものか、これから行われようとするものかを問わず、その者は臣民の道理を失うものとする。

第五条　大韓国大皇帝は、国内の陸海軍を統率し、編制を定め、戒厳と解厳を命じることができる。

第六条　大韓国大皇帝は、法律を制定し、その頒布と執行を命じ、万国の法律にならって国内の法律も改正し、大赦・特赦・減刑・復権を命じることができる。公法でいうところの自定律例である。

第七条　大韓国大皇帝は、行政各府部の官制と文武官の俸給を制定あるいは改正し、行政上必要な各種勅令を発することができる。公法でいうところの自行治理である。

第八条　大韓国大皇帝は、文武官の黜陟《ちゅっちょく》〔功の有無により官位を陞降《しょうこう》させること〕・任免を行い、爵位・勲章その他栄典を授与あるいは剝奪《はくだつ》することができる。公法でいうところの自選臣工である。

第九条　大韓国大皇帝は、条約締結各国に使臣を派遣・駐在させ、宣戦・講和および諸般の条約を締結することができる。公法でいうところの自遣使臣である。

第一条で大韓帝国が自主独立の帝国であるとし、第三条で大韓帝国皇帝が無限の君権を持つことが定められる。この第三条を前提に、統帥権《とうすい》（第五条）、立法権（第六条）、恩赦権（第六条）、官制権（第七・八条）、行政命令権（第七条）、栄典授与・剝奪権（第八条）、外交権（第九条）を皇帝が持つことになる。これらの条文の末尾には「公法でいうところの」とあり、国際法を参照したことを強調している。

大韓国国制は、中華や旧例の継承よりも、西洋の規定である新法を取り入れた内容だった。ここで重要なことは、大韓国国制を推進した守旧派官僚も、旧態依然ではなく新旧折衷の改良思想を持っていたことである。

清への対等意識と条約締結

一八九五年の下関条約による清との宗属関係の廃棄後、朝鮮は清との対等な条約締結を望んだ。しかし、清は対等な地位を容易に認めようとせず条約締結を嫌った。さらに、その後に高宗が露館播遷をしたこともあり、清は朝鮮を独立国と認めようとはしなかった。

そのため日清戦争によって清の代表だった袁世凱《えんせいがい》が早々に帰国し、後任の唐紹儀《とうしょうぎ》も一八九四年八月に帰国した後は、政府間の公的かつ直接的な交渉はほとんど行われていない。なお、一八九六年六月頃に唐紹儀は朝鮮に帰任したが、一八九八年五月に皇帝即位の上疏が行われることについて「妄自尊大」（むやみに尊大ぶる）と報告している。

朝鮮は「光武」年号を採用したことを通知する外交文書を、日本をはじめ米・英・独・露・仏の公館には出したが、清に宛てた記録はない。高宗の皇帝即位を知らせる文書も、国号を「大韓」に改めることを知らせる文書も同様である。

つまり、朝鮮は清と関係が途絶している期間に、「光武」へと改元し、皇帝即位、国号「大韓」への改称を行っていたのだ。

公文書でも、この時期から「中朝」「中華」「中国」と呼んでいた清を、日本にならい「清国」と呼び始める。また、清の商人が朝鮮で業務をすることに対して「わが政府の特別な計らい」と表現し、清商の保護規則については「朝廷からのほどこし」と伝えている。かつての「宗主国」の商人に対し、朝鮮政府は明らかに対応を変えたのだ。

大韓帝国が成立して一八九八年に入ると、大韓帝国内に清の人々が多く居住していることなどから、清との条約交渉を望み、日本公使に仲介を依頼した。一方、この情報を察知した清は、自ら先に使節を派遣して交渉を始めることで、かつての「主僕《しゅぼく》の別」を示そうと考えた。

清は、大韓帝国が日本だけでなく欧米列強の後押しを受けて、北京への公使派遣に踏み切ることを懸念した。大韓帝国の公使が、中国皇帝に国書を捧呈し、対等の形式で条約を締結することになるからだ。中華のプライドから最も避けたいものだった。

一八九八年八月五日、清の光緒帝《こうちょてい》は、清韓どちらから使節を出すにしても、条約締結を求める大韓帝国側の希望を受け入れるという諭旨《ゆし》を下した。中国近代外交を専門とする岡本隆司は、光緒帝のこうした考えは、光緒帝の個人的見解だけでなく、本格化する列強による利権獲得競争への危機感などがあったと指摘する。

この光緒帝の諭旨をきっかけに、一八九九年一月二四日に使節を大韓帝国に派遣し、二月一日に大韓帝国皇帝に謁見したうえで条約交渉が始まった。

交渉での争点は、治外法権を認めるか否かだった。相互に治外法権を保有しようとする清に対し、大韓帝国皇帝政府内では、治外法権を持たない純然たる対等条約を締結しようとする意見が多かった。結局、大韓帝国が妥協し、相互に治外法権を認めることとなる。ただし、裁判法が整備されたのちに廃止するという条項を挿入している。

こうして、一八九九年九月一一日に清韓通商条約が締結された。本心はともあれ、清が大韓帝国を独立国家として認め、条約体制に基づく近代国際法秩序による対等な関係を受け容れたのである。

量田事業の着手

さて、前章で触れたように、大韓帝国期の量田事業、つまり土地調査事業は近代的土地制度の確立を目指す重要な政策だった。

一八九九年六月から量田事業は本格的に着手され、凶年に入る一九〇一年までのあいだに一二四ヵ所を調査した。このときの特徴は、それまで官庁の経費や下級官吏の収入に充てられていた地方の「隠結《いんけつ》」（故意に量案に載せない耕作地）を国家が把握するようになり、地方財政を圧迫したことである。地方の下級官吏たちには国家から俸禄《ほうろく》が支給されなかったので、各地方が経費を負担する量田事業に強い不満を抱いた。また、量田事業の結果、徴税額が大幅に増加したところでは反対闘争も起こった。一方で、国家財政からも量田事業の経費は支出された。各地方に派遣する官吏の宿食費なども含まれたので、量田事業の経費は莫大に膨れ上がった。

量田事業の測量　1899年，土地の測量を行う量地衙門の米国人測量士レイモンド・E・L・クラム

他方で、一九〇一年に地契衙門《ちけいがもん》を新設し、官庁が土地所有権を確認した「官契《かんけい》」を発行する。官契は、農地だけで

なく全国すべての山林などにも発給した。翌年からは量田事業など土地調査全体を地契衙門が担うことになり、土地調査と官契の発行を連動させ、土地価格、耕地面積を把握した。また、メートル法を用いた近代的な測量法も採用する。

しかし、地契衙門ができても実質的には以前と同様に、地方官と地方の下級官吏が主管したため、従来と変わらず中間搾取が行われることもあった。

大韓帝国期の量田事業は、私的な土地所有を法的に認めることを目標とし、朝鮮王朝後期以来の地主的土地所有制度を温存しながら、それを土台に近代的な改革を行おうとしたものだった。つまり、朝鮮の伝統に西洋の原理を加えるものである。ここでも旧い事業を継承しつつ新しい土地制度を導入した旧本新参の政策の一面が確認できる。

苦しい財政

一八九九年一月二五日、高宗は全州にある朝鮮王朝の祖宗の陵《りょう》の再整備を始めた。六月には、皇室の族譜（同族の父系を中心とした血縁関係を記録した冊子）を修正する指示も出した。高宗は自身の正統性と権威を確固たるものにしようとしていた。一二月には、歴代国王を「皇帝」にするため、大々的な追尊《ついそん》を行い、位牌も全面的に作り替えている。

大韓国国制の制定とともに、これらが高宗の権威を高める目的だったのは言うまでもない。

しかし、こうした事業は度支部の予算外支出から賄われたため国家財政を圧迫した。

他方、大韓帝国成立後、増加する皇室財政の赤字運営が内蔵院（内蔵司から改称）の強化に結びつく。内蔵院は自ら事業を拡大しつつ、皇室財政の管理を強固にした。宮内府も一八九九年以降に拡大し、一部の鉄道局などを傘下とし、宮内府主導の近代化改革を進めた。だが、宮内府のこれらの事業の予算は、内蔵院が管理する皇室財政からは支出されなかった。一九〇〇年を境に、宮内府費は皇室財政から分離し、金額も急増する。

大韓帝国の経済状況は、米価の高騰による物価上昇などにより悪化するなか、大韓国国制が制定された一八九九年と翌一九〇〇年を画期として、皇帝が関与する皇室費、宮内府費が増加している。大韓帝国の財政を考えれば、本来は皇室の権威を高める事業に莫大な予算を付けたり、皇室費や宮内府費の歳出を増やすことは難しかった。しかし、高宗は列国からの借款を当てにし、大韓帝国を国内外に知らしめる事業への支出を続けた。

一八九九年一一月に内蔵院は日本に借款要請し、翌年に大韓帝国での独占的な経済力の確保を狙い日本は借款供与を始める。

2　皇帝国の文化――建築、服制、愛国歌

あらためて建国した大韓帝国の文化を最も象徴したのは、王宮の慶運宮《キョンウングン》（現徳寿宮《トクスグン》）である。

石造殿の建設

朝鮮の王宮は、基本的には中国の紫禁城《しきんじょう》をモデルにしている。慶運宮には、そうした伝統的な朝鮮建築による建物（中和殿《チュンファジョン》）とともに、西洋の新古典主義様式による二つの石造建築がある。一つは、上海の建物や港湾施設の設計も任されていたイギリス人J・R・ハーディングの設計によって一九〇九年に完成した石造殿《ソクジョジョン》である。もう一つは、日本人中村與資平が設計した鉄筋コンクリート構造で、一九三八年に完成した徳寿宮美術館である。

一八九八年二月二〇日の日付で、ハーディングの署名付きの石造殿の設計図が残されていることから、皇帝即位後まもなく高宗が石造殿の建築を依頼したようだ。高宗は新しい皇帝国家の象徴として、西洋式の宮殿の建築を思い描いていた。

一九〇〇年三月にはアメリカの *"American Architect and Building News"* という雑誌に、石造殿の木製模型が掲載された。模型と実際の石造殿は、いくつかの点で異なるものの、南側

王宮・慶運宮　前方は中国をモデルとした朝鮮建築による中和殿，後方には西洋新古典主義様式の石造殿があった

に朝鮮王朝の李王家の象徴であるスモモが彫られている。

李王家の紋章のスモモは、大韓帝国皇室の文様であると同時に、国家の象徴として使われた。五つの花びらからなるスモモの紋章は金色で、一八九二年に鋳造《ちゅうぞう》された貨幣に最初に用いられた。その後、一九〇〇年に公布された「勲章条例」に際する詔勅で「李花」が国の文様だとされた。また、外国からの来賓の接待が増えるようになった一九〇〇年を前後して、西洋式のディナーセットを日本やヨーロッパに注文したが、そうした食器にもスモモが描かれている。

石造殿竣工が一九〇九年で、李王家に引き渡されたのは一〇年八月だった。完成後には、噴水がある中庭の庭園も作られた。

石造殿の完成時、高宗はすでに譲位させられ、息子の純宗《スンジョン》が皇帝の座にあった。慶運宮は高宗が生活する「徳寿宮」と改称される。新築された石造殿は、皇帝の私生活空間である寝殿と、政事を行う政殿の機能の両面を備えていた。高宗は石造殿で高位官僚や外国使臣と会うことを好んだようである。伝統的な中華の文化だけでなく、西洋文化にも関心を持ち好んでいた高宗の一面が垣間見える。

服制の変化

日本が明治維新後、朝鮮に修好を求める書契をもたらしたとき、書契内容の違格の次に問題となったのが、西洋式の大礼服だったことはすでに述べた。朝鮮は、明朝中華を継ぐ正統な中華として、明の衣冠制度を継承していることにプライドを持っていた。そのため、甲午改革期の一八九五年五月三日に、「陸軍服装規則」により、陸軍のみ西洋式の服制が導入されたが、文官その他の服制は変わらなかった。

一八九六年一月一日、高宗は断髪に関する詔勅を出したが、それは甲午改革派が推進したものであり、高宗はいわば強制的に断髪をさせられた。よって露館播遷後の一八九七年八月一二日に、この断髪令は取り消されている。先の断髪令により高宗はすでに断髪をしていたため、断髪したことがわからないように、伝統的な服装と帽子を被るなどの工夫をして写真に写っている。

　しかし、大韓帝国が成立すると、西洋式の服制が相次いで導入された。一八九八年六月の在外駐在の外交官・領事官の服章を西洋式の大礼服にしたのを皮切りに、翌年一月には、高位官僚（朝臣）の服章について、祭礼などの儀式を除き、古今の制度を参酌し各国の規例を手本に準備するとし、三月には警務使・警務官の礼帽・礼装が西洋式に変わった。六月には、各国軍制にならい大元帥である皇帝と元帥である皇太子の服制が西洋式の軍服となった。以後、高宗は、大元帥の服装で、断髪したことが明らかにわかる様子で撮影されている。一九〇〇年四月一七日には、「文官服装規則」と「文官大礼服製式」によって、文官の官服も西洋式となった。

軍服を着た高宗　1907年以後か

　ただし、西洋式の服制導入には、守旧派官僚から強い反発があった。守旧派官僚にとっては、中華の服制護持に朝鮮中華のプライドを重ね、西洋式の服制導入は「中華を変えて夷狄」にするようなものと思われていた。

　中華の正統な継承者としてのプライドから、中国（明朝）皇帝にならって皇帝即位を挙行し、出発した大韓帝国だったが、その後は伝統的な服制から西洋式の大礼服へと漸進的に変わっていく。

愛国歌

大韓帝国は、近代化政策の一環として愛国歌や西洋式音楽の導入を進めた。一九〇〇年一二月、「軍楽隊設置に関する件」を頒布し、軍楽隊の教育はドイツ人フランツ・エッケルトが担当した。エッケルトは、「君が代」にも関わった人物でもある。エッケルトは、一九〇一年二月、ピッコロ、フルート、オーボエ、クラリネットなど二五種類の西洋楽器とともに漢城に到着した。

軍楽隊は、五一名からなる一個隊が二個隊設置されたが、ともに皇室専属だった。エッケルトは西洋式の楽譜や演奏方法を指導し、一九〇一年九月七日の万寿聖節の慶祝宴で洋楽二曲を演奏し、初演を成功させた。その後も、皇太子の誕生日である千秋慶節《せんしゅうけいせつ》など外国人が集う交流の場でも演奏した。

他方で、愛国歌は独立協会の活動当時から存在し各種集会などで歌われていた。しかし、統一された歌詞があったわけではない。忠君愛国を強調した歌詞を賛美歌の旋律に乗せて、「独立歌」や「朝鮮歌」などとして数多く歌われた。

一九〇二年一月、皇帝は「忠君愛国に人心を動かし、士気を高めるには声楽に勝るものはない」と、国歌を制定する詔勅を出す。三月一七日の千秋慶節で愛国歌が初めて披露されたと推測されている。

七月には、『大韓帝国愛国歌』という冊子も刊行された。国内頒布用の韓国語版と、外国頒布用のローマ字版がある。このとき定められた「愛国歌」の歌詞は、「上帝はわが皇帝をお助けたまえ」で始まる。忠君愛国と尊王思想を強調し、今日の大韓民国国歌の「神が保佑《ほゆう》なさるわが国万歳」にも通じる。ただ作詞者は不明だ。メロディーは朝鮮の伝統的な楽曲に近いト長調の音階で、原曲は朝鮮民謡、エッケルトが編曲したと考えられている。

なお、「君が代」はエッケルトが歌を選択し、それを軍楽隊の礼式曲として編曲した。「大韓帝国愛国歌」はエッケルトが旋律を選択して軍楽隊の礼式曲にし、それがのちに歌になった。ともにエッケルトが関わっている。

『大韓帝国愛国歌』出版譜

大韓帝国愛国歌は、韓国併合の過程で禁止された。戦後は南北のどちらの国家でも国歌は「愛国歌」であるが、歌詞・旋律ともに異なる。

一九〇二年の万寿聖節、即位四〇年記念行事を襲った天然痘

一九〇二年の皇帝誕生日である万寿聖節は、大韓帝国の歴史のなかでも最も盛大に行われた。そこには、世界の帝

国と肩を並べ、各国の元首と対等であろうとする大韓帝国皇帝の姿があった。

先述したように、万寿聖節は独立協会の活動により、宮中行事だけでなく、宮中の外の民衆も広く祝うものとなった。

一九〇〇年代に入ると、官員、外国人、学生、宣教師、商人、民間団体、そして全国の開港場など、多様な階層、地域で万寿聖節を祝った。王宮慶運宮の大安門《デアンムン》の前に、一般の民衆が集まり、「万歳、万歳、万々歳」を唱えて皇帝を称揚した。家々では国旗や灯火が掲げられ、学校では「万寿聖節慶祝歌」を歌った。

他方、各国公使・領事たちを招待した西洋式の宴会も行われ、宮中では伝統的な饗宴《きょうえん》が催された。ここでは、中華の皇帝国にならい、皇帝国の格に見合う宮中舞踊が披露された。この年の公演は種類が他の年と比べると最も多く、盛大に祝われたことがわかる。

一九〇二年は、高宗が五〇歳を過ぎ、即位四〇年を迎える年であった。三月には「御極《ぎょきょく》四〇年称慶礼式《しょうけいれいしき》」を一〇月に行うことを決めた。七月に入ると「御極四〇年称慶礼式」の式次第がまとめられる。

式次第から、次のような内容だったようだ。高宗が皇帝に即位した一〇月一二日（継天紀元節）に、皇帝が皇太子や文官百官を率いて圜丘壇《ファンクダン》に参る。そこには外国の公使・領事の参加も予定されていた。

翌日には、王宮で皇帝の親族や文官百官が慶祝を行う。さらに、日時は示されていないものの、観兵式、園遊会、各種宴会も予定していた。

しかし、七月頃から天然痘が流行し、一〇月四日には「御極四〇年称慶礼式」を翌年に延期すると決まった。

こうした大韓帝国の動きを、漢城に駐在する外国公使・領事は冷ややかに見ていた。それは、「御極四〇年称慶礼式」が国家財政を圧迫し、さらに外国借款を求めるものと考えられたからだ。一九〇三年一月には、アメリカ公使を中心に、御極四〇年称慶礼式をやめるよう高宗に奏上しようとしたほどだった。

高宗即位40周年記念切手　中央に通天冠が描かれ，下部には大韓帝国を ‘CORÉE’ と記している

しかし、高宗は挙行を望んだ。『官報』を見ると、一九〇三年一月には、さらに二八万元を超える費用が度支部に計上されている。また、日本の三井物産会社から軍艦を購入し、御極四〇年称慶礼式で祝砲を放つことまで考えていた。

大韓帝国外部は、各国に祝賀大使を特派する要請をしている。けれども各国政府は、ロシアと日本を除いて、特使派遣を考えていなかった。ロシアは、称慶礼式延期の知らせを受けても、一九〇二年一〇月一六日にヴェーベルを特使の資格で訪韓させていた。日本政府は高宗の歓心を買うためにも、皇族の山階宮菊磨王《やましなのみやきくまろおう》を特使として派遣する方向で調整していた。

だが、天然痘の蔓延《まんえん》は止まらず、四月には高宗の七男英親王《ヨンチナンえいしんのう》（以下、李垠《イウン》）も罹患《りかん》し、「御極四〇年称慶礼式」の再延期が決定、結局、実現しなかった。「御極四〇年称慶礼式」の中止は、大韓帝国衰退の予兆でもあった。

第5章　保護国への道程——日露戦争前夜から開戦のなかで

一八九七年に建国した大韓帝国はわずか数年で揺らいでいく。その根底には、高宗《コジョン》がさまざまな事業に莫大な費用を国家財政からつぎ込んだこと、また本来は国家財政とすべき財源を高宗が独自に確保したことによる。政府は深刻な財政難に陥っていった。そして、より直接的には日本の大韓帝国進出が加速したことによる。

この章では、日露戦争前夜、日露の狭間で生き残りをかける大韓帝国の動向と、日露開戦後、日本優位の戦いのなか、圧力を受けながら日韓議定書、第一次日韓協約を大韓帝国が締結させられていく過程を見ていく。いままでこの時期の研究は、主に日本政府の立場から論じられてきた。本書では日本政府の動きに留意しながら、大韓帝国を主体として描いていく。

1　大韓帝国の外交――さまざまな可能性

義和団事件の余波――日露との交渉

一九〇〇年六月、扶清滅洋《ふしんめつよう》を唱える義和団《ぎわだん》の蜂起《ほうき》に便乗して、清は列強諸国に宣戦布告した。いわゆる義和団事件である。八月には列強八ヵ国の連合国軍が北京への攻撃を開始。およそ二週間で制圧する。ロシアは義和団事件に乗じて満洲に侵攻し、八月末までに全面占領した。

ロシアの満洲占領を受けて、日本は朝鮮進出を考えた。小村寿太郎駐露公使は、極東での立場が脆弱《ぜいじゃく》なロシアは日本に懐柔《かいじゅう》的態度をとらざるを得ないとし、朝鮮問題でロシアと安全かつ永続的な相互了解を得る最大の好機と捉えた。近代日本外交を専門とする佐々木雄一によると、それはロシアの満洲進出と日本の朝鮮進出を等価交換と見る日本外務省の考え方でもあった。

一方、一九〇〇年六月から八月、高宗から日本の対韓政策を打診する密旨を帯びた侍従の玄暎運《ヒョンヨンウン》が、日本の宮内省制度視察の名目で東京に滞在していた。駐日大韓帝国公使館は、彼の訪日目的を義和団事件について伊藤博文の意見を聞くことと理解していた。

玄暎運は、一八六六年生まれで、八五年に慶應義塾を卒業したとされ日本語に通じ、帰国後は外交通商を担う政府の役人であった。一八九八年八月に伊藤博文が訪韓した際に通訳を務め、高宗からも寵愛を受けていた。

東京で玄暎運は東亜同文会幹部の国友重章《くにともしげあき》と会う。国友は東亜同文会会長の近衛篤麿《あつまろ》の意向も受けて、大韓帝国で内乱が起こったときは日本が派兵して鎮圧し、日本が他国と戦争する場合は、大韓帝国内での戦闘あるいは軍隊行動を許すとした「日韓攻防同盟」案を熱弁し玄暎運を説得した。東亜同文会は中国との提携を唱える民間のアジア主義団体である。そのなかで近衛は対露強硬論者として知られていた。玄暎運はその案ともいえる「国防同盟」の説得を受け、杉村濬《ふかし》外務省通商局長に提案するも受け入れられなかった。

他方、玄暎運の帰国後しばらくすると、林権助《はやしごんすけ》駐韓日本公使は、高宗が日韓の国防密約に同意し、大韓帝国政府内に相当数の日韓提携派が形成されつつあると報告している。

だが高宗の真意は定まっていなかった。

一九〇〇年八月七日、高宗は度支部《たくしぶ》大臣趙秉式《チョビョンシク》を特命全権公使に任命し、義和団事件以後の大韓帝国の局外中立についての国際的交渉を、日本政府および駐日外交使節団に提議するよう命じた。東京に到着した趙秉式は、大韓帝国の局外中立案を日本政府に提出し、さらに駐日アメリカ公使、駐日ロシア公使と面会し、同様に局外中立案を提案している。

高宗は趙秉式を日本に派遣すると同時に、ロシアに大韓帝国の局外中立化に協力してくれるよう要請していた。高宗は、趙秉式が東京での自国の局外中立化交渉に失敗した場合、ロシアの後援による局外中立化を模索していた。高宗はロシアに期待していた。ロシアの中立化案は、列国共同保証による勢力均衡を利用するもので、高宗の理想と重なったからだ。

一九〇一年一月、義和団事件が収まるなかロシアは日本に、列国が共同して大韓帝国の局外中立を保証しようとする提案をした。しかし日本政府は、満洲問題との関連付けなしに韓国問題を扱うことを拒否した。ロシアの仲介によって大韓帝国を局外中立化しようという高宗の試みは、日本の反対で実現しなかった。

大韓帝国による日韓協約の模索

日本は一九〇一年八月以降、伊藤博文らが主唱しているロシアとの提携を積極的に進めようという日露協商策を放棄し、ロシア南下政策に対抗するイギリスと一九〇二年一月に日英同盟を締結する。ここに大韓帝国をめぐる日露対立は決定的になり、日露開戦は必至の情勢となっていく。

他方で、一九〇一年一一月四日、外部大臣朴斉純《パクチェスン》は高宗の密命を受け、日本陸軍の大演習陪観《ばいかん》を名目に訪日する。日本は朴斉純を厚遇し、大演習陪観時には外国武官への勲章を贈与するよう林権助公使は小村寿太郎外相に伝えている。

一一月五日、小村外相と会見した朴斉純は以下三点について、高宗からの密命を帯びていると伝えた。①朴泳孝《パクヨンヒョ》をはじめとした日本への亡命者（閔妃《ミンビ》殺害事件に連坐した者、および直後に亡命した朝鮮人）の処分、②国防に関する日韓協約、③借款である。特に③は、高宗が歳入不足を憂慮し、国家財政を司る度支大臣らには内密に朴斉純へ命じたという。

これに対して小村外相は、②国防に関する日韓協約について、その場で次の四項目を朴斉純に示した。

一　日本国は韓国領土保全を努める事
一　日本国は韓国現帝室の安固を図る事
一　韓国はその領土の一部を他に割譲し、または日本国の賛同を経ず、その歳入等を抵当として借款を起こさない事
一　韓国は他の援助を借りない事

（「朴齊純來朝ノ使命ニ關スル件回報」『駐韓日本公使館記録』一六）

朴斉純は確約する権限がないことを理由に明言を避けたが、小村が体調を崩したため外務

省政務局長が交渉にあたった。小村はこの四項目の国防に関する日韓協約締結のため、朴斉純の帰国を延期させようと努めたが、高宗の密命を帯びた訪日であり、長期滞在を希望せず、結局、国防に関する日韓協約は具体的な交渉に入れなかった。

清への接近、国際会議への期待

大韓帝国の外交を研究する玄光鎬《ヒョンガンホ》によれば、高宗はこうした日本への接近だけではなく、清も含んだ韓・清・日の国防に関する提携を模索していたという見方もある。

一九〇一年一一月六日、清の駐韓公使の交代に際して、隣国として仲よく互いに助け合おうという趣旨の国書が、光緒帝《こうちょてい》から大韓帝国皇帝へと届いた。これはかつてのように宗主国として振る舞おうとしていた清の国書と比べれば画期的な内容だった。国書を受けて高宗は、対清外交の強化を考える。

一九〇二年二月、外部大臣朴斉純を特命全権公使に任命し、北京の紫禁城《しきんじょう》近く正陽門《せいようもん》外に公使館を設けた。それまで清は、かつて「属国」だった大韓帝国が北京に使節を常駐させることを許さず、天津に領事館機能を持った「駐津公館」を設置していた。

朴斉純が帰国報告をした九月二一日、高宗が「中国皇帝に陛見《へいけん》（「お目にかかる」の意）すれば国書を親しく受けることができるのか」と聞き、朴斉純が「わが大韓帝国もいまや対等な国家となったので、できるでしょう」（『承政院日記』高宗三九〔一九〇二〕年八月二〇日）と返すやりとりをしていた。東アジアにおける国際関係の変化を物語るものである。

他方、大韓帝国は日英同盟が調印された直後の一九〇二年二月、オランダの周旋による赤十字社と万国平和会議への参加希望を伝えた。一一月には交渉のため駐フランス・ベルギー特命全権公使閔泳瓚《ミンヨンチャン》を派遣した。

これは将来予想される日露開戦による大韓帝国侵攻に備え、高宗が赤十字社を利用して大韓帝国が独立国であることを世界各国に知らしめ、国際世論を味方に付けておくためだったと思われる。

局外中立化の模索とロシアへの接近

一九〇三年六月二三日、満洲からのロシア軍の撤退交渉にあたって日本は、韓国の安全、ロシアの満洲での行動を条約の範囲内に限るなどを主眼とすることに決めた。八月から日本の提案によって日露交渉が始まるが、ロシア政府内の混乱で進展せず、一九〇四年一月三〇日には、桂太郎首相・小村外相・伊藤博文らはロシアとの開戦を決断する。

他方、大韓帝国は日本がロシアに交渉を持ちかけた一九〇三年八月、開戦を見越して、有事の際にはロシアを支援すると記した密書を、高宗はロシア皇帝ニコライ２世に送っている。

また高宗は、日本とロシア駐在の公使それぞれに、「韓国の中立を破らず、領土を蹂躙《じゅうりん》しない保証」を得るよう命じる訓令を起草させている。

この時期、林権助駐韓公使は小村外相に、大韓帝国の駐日公使から交渉を求めてきた場合は、この機に大韓帝国における日本の地位をいっそう強固にするのも面白いと伝えている。林公使は、韓国が仮に中立宣言をしても、まともに対応する気はなかった。

一九〇三年八月二〇日、高宗は極秘で玄尚健《ヒョンサンゴン》をフランスに派遣する。玄尚健の渡仏目的は、駐仏公使とともにオランダに行き、万国平和会議の関係者と会見し、日露開戦の場合の大韓帝国の地位、大韓帝国が局外中立の維持ができず国境内を両国兵に蹂躙された場合の損害などについて、検討するためだったと見られる。この玄尚健と万国赤十字会・万国平和会議との折衝の動きについては、逐次日本が把握していたようだ。

その後、玄尚健は一九〇三年一一月、高宗の密書を携えてロシアに向かった。日露間の情勢を探索させると同時に、ニコライ2世に謁見し、日露開戦時には大韓帝国はロシアに協力することを伝えるためだった。それに対してニコライ2世は、大韓帝国の独立と局外中立を支持するとした。

2　日韓議定書——無視された中立宣言

開戦直前の日韓密約交渉

大韓帝国は日本とも、密約交渉を行っていた。これは先述した外部大臣朴斉純に小村外相が提示した国防に関する四項目の日韓協約と、大韓帝国政府が日本政府に望む亡命者処分を盛り込んだものだ。

林権助駐韓日本公使の報告によれば、一九〇四年一月二日の時点で、高宗は「時局の切迫に関連し、日韓間に本使提案の如《ごと》き協約の必要と有益を了解」したという。これは高宗と外部を中心とした動きだった。

二日後には外部大臣署理李址鎔《イジヨン》は日本公使館員を招いて、ロシア公使が反対するものの、高宗が喜んで受け入れると密約締結に楽観的展望を示し、高宗周辺の宮中勢力の懐柔のため運動費一万円を求めた。日本への亡命者については、密約締結後に処分を決行することを固めた。

しかし、先述したように、同時に高宗は、局外中立宣言に向けて玄尚健をフランスに派遣し、ロシアには日露開戦時の協力を伝えている。林公使の報告によると、一月一〇日、外部大臣署理李址鎔は林公使を訪ね、露仏への派遣の件はまったく風説で聖意ではないと言い、玄暎運が宮中で日韓密約の件を宣伝したために政界が混乱しているが、聖意はほとんど確定しており、時期を見計らって訂約の運びにいたると述べたという。

一月一六日には、李址鎔は日韓密約締結のため高宗の詔勅を得る必要を話し、一九日には高宗から交付された全権委任

林権助（1860～1939）

状を携え、日韓密約は既定路線となっているかのように見えた。

一月一八日、李址鎔らの意見を盛り込み、林公使が密約案を起稿した。小村外相と外部大臣朴斉純との会見時の四項目を骨子としつつ、亡命者処分を条項で明記し、大韓帝国側の要求を反映している。ただし借款については言及していない。また、有事における日本の自由行動を大韓帝国が保証し、日本を援助し便宜を図る内容が新たに盛り込まれた。

なお、新たに「未悉《みしつ》の細目は外部大臣と日本国代表者の間に臨機妥定《だじょう》すべし」という条項を入れている。これはいまだわからない細かな部分は日韓間でそのときに決定するという内容で、運用によって拡大することを意味し、以後の一連の協約に引き継がれることになる。

さらにやりとりを経て、一月二〇日夜に小村外相から「外務省対案」が林公使に届いた。

日韓密約はこのとき「日韓議定書」と名付けられた。

これまでは、大韓帝国皇帝と天皇の全権委任状に基づく交渉形式とされたが、ここでは大韓帝国外部大臣と林権助公使の調印による政府間協定に変わった。また、大韓帝国側が望む亡命者処分は一時で終わるので不必要とし、条項から削除している。

代わりに、両国政府は、相互の承認を経ないで、今後、本協定の趣意《しゅい》に違反する協定を第三国との間に訂立してはならないことという条文を入れ、事実上、大韓帝国が日本の事前承認なしに、独自に第三国と条約を結ぶことを禁止する。この条項は、当時噂《うわさ》になっていた大韓帝国の局外中立宣言を無効にするねらいだった。これは大韓帝国の外交権への日本の介入の端緒となるものだった。

では、日韓議定書締結に関与した外部大臣署理李址鎔は、同時並行で進行する大韓帝国の局外中立宣言やロシアへの接近について、まったく把握していなかったのだろうか。あるいは知ったうえで林公使を欺《あざむ》いたのだろうか。大韓帝国の公文書からは、こうした史実を十分に把握することはできない。

局外中立宣言の衝撃

一九〇四年一月二一日、大韓帝国はフランス語で各国に局外中立宣言を打電する。それは中国の芝罘《チーフー》から大韓帝国外部大臣の名義で行われた。日韓議定書案が小村外相から林公使に届いた翌日である。

ロシアと日本の間で発生した紛糾に照らし、また平和的解決に至る交渉の過程で直面するであろう困難に照らし、大韓帝国政府は皇帝陛下の命により、ロシアと日本の間で行われる折衝の結果に関係なく、厳正中立を遵守する強固な決意を宣言する。
（「韓国の中立声明に関する件」『日本外交文書』三七―一）

小村外相はこの宣言が先の玄尚健の派遣と関係があると推測。林公使は今回の中立宣言の出所を調査した。フランス語学校教師のE・マルテルとベルギー人顧問デルビギューが一月二二日と二三日に高宗に謁見しているので、彼らが関与したのではないかと推測している。

ここで問題になるのが日韓議定書の行方である。一月二三日、李址鎔らは林公使と会談し、局外中立宣言をした顚末《てんまつ》を説明して、高宗の意向として近日中の日韓議定書締結は難しいと伝えた。この会談には、日韓議定書に反対する高宗側近の李容翊《イヨンイク》が突然乱入するが、林公使はこの乱入を高宗の命令と見ている。当初からか、局外中立宣言後からかはわからないが、高宗が日韓密約と距離をとったのは確かである。

いずれにせよ、林公使は一貫して大韓帝国の局外中立宣言が国際関係に与える影響は低く、大韓帝国政府内の中立派については、一時的な存在と見てあまり考慮していなかった。

しかし、大韓帝国の局外中立宣言や李容翊ら中立派の反対によって、日韓議定書は調印にいたらなかった。林公使は小村外相宛の電報で、次のように徒労感を滲《にじ》ませる。

李容翊ら中立派が高宗を説得して日韓議定書に反対させたことによる密約成立の頓挫《とんざ》は、誠に遺憾で、この事実は同時に、高宗がいかに決心に乏しく、また高宗の言質《げんち》および保障がいかに信頼しがたいかを証明するものである。高宗の心事がこのようであると、たとえ密約が成立しても、些細《ささい》な事情や出来事で、ただちに当局者を処罰して、密約の成立を否認するかもしれない。そのため、我においては実力をもって臨まなければ密約もただちに不履行となり、また実力の後ろ盾があれば、今回不成立に終わった約案も容易に成立する見込みがあるだろう。

このように、林公使は今回の密約不成立についての分析を述べて、小村外相に「密約の成否を顧《かえりみ》ることなく、大局上、すでに確定された方針を決行することが必要である」(「韓日密約成立不透明과 善後措置에 관한 件」『駐韓日本公使館記録』一八)と電報を打つ。

林公使は高宗を「決心に乏しい」と表現する。「優柔不断な高宗像」は、朝鮮史研究でも長い間共有されてきた。さらに、こうした林公使の考えは、その後に結ばれる一連の日韓協約における日本の姿勢にも表れる。林公使は「実力」という言葉を用いて、今後、大韓帝国政府に対しては、交渉時に日本政府が武力を用いて要求することを示唆している。

すでに一九〇三年一二月三〇日の閣議で決定した「対露交渉決裂の際、日本の採るべき対清韓方針」で、日本は大韓帝国について、実力をもって権勢下に置くことを定めていた。林公使も名義の正しさを選ぶことが得策であると、政府工作を優先させる考えを記している。当時の日本外交の特徴は、正当性を重視し、そのために口実のない行動より、口実を強引につくることだったと佐々木雄一は指摘する。

いずれにせよ、日韓両国代表による日韓議定書の交渉が大詰めを迎えるなかで発せられた大韓帝国の局外中立宣言は、日本政府、特に駐韓日本公使館員に大きな失望を与えた。外交交渉の失敗ではあるが、彼らには大韓帝国の裏切りに見えたであろう。

以後、日本は、東京であれ漢城《ハンソン》であれ、「実力」をもって大韓帝国を日本の権勢下に置こうとする。

日本軍優勢下の締結

一九〇四年二月四日、日本はロシアへの軍事行動の開始を決定し、六日に国交断絶を通告、八日および九日に仁川《インチョン》に上陸し、旅順艦隊への攻撃に出た。仁川と旅順にロシア軍が集中していたためである。ロシアは九日、日本は一〇日に宣戦布告した。

日本軍は、対露戦の第一期計画を大韓帝国の軍事的占領としていた。そのため仁川に上陸後、ただちに漢城を占拠した。大韓帝国による局外中立宣言は意味を持たなかった。

戦局が日本優勢で進むと、局外中立宣言を行いロシアとは交戦関係にない大韓帝国に、日本は漢城占領と軍事行動の妨げを理由に、ロシア外交官と在留ロシア人の撤退を要求した。ロシアを撤退させた軍事的制圧下の漢城で、林公使は日韓議定書をあらためて大韓帝国政府に提出する。

大韓帝国政府は、二月二一日と二二日に会議し、若干の字句の修正を求め、一九〇四年二月二三日午後三時、日韓両国の全権が日韓議定書に調印した。

日韓議定書の内容は次のとおりである。

大日本帝国皇帝陛下の特命全権公使林権助および大韓帝国皇帝陛下の外部大臣臨時署理陸軍参将李址鎔は、各相当の委任を受け左の条款を協定す。

第一条　日韓両帝国間に恒久不易の親交を保持し、東洋の平和を確立するため、大韓帝国政府は、大日本帝国政府を確信し、施設の改善に関し、その忠告を受け入れる事。

第二条　大日本帝国政府は、大韓帝国の皇室を確実なる親誼《しんぎ》を以《もっ》て、安全康寧《こうねい》ならしむる事。

第三条　大日本帝国政府は、大韓帝国の独立および領土保全を確実に保証する事。

第四条　第三国の侵害により、もしくは内乱のため、大韓帝国の皇室の安寧あるいは領土の保全に危険ある場合は、大日本帝国政府は速《すみやか》に臨機必要の措置を取るべし。そして大韓帝国政府は、右大日本帝国政府の行動を容易ならしむるため、十分便宜を与える事。大日本帝国政府は、前項の目的を達するため、軍略上必要の地点を臨機収用することを得る事。

第五条　両国政府は、相互の承認を経ずして、後来本協約の趣意に違反すべき協約を第三国との間に締約する事を得ざる事。

第六条　本協約に関連する未悉《みしつ》の細条は、大日本帝国代表者と大韓帝国外部大臣との間に臨機協定する事。

明治三七年二月二三日　特命全権公使　林権助

光武八年二月二三日　外部大臣臨時署理陸軍参将　李址鎔

これは一月二〇日に「外務省対案」として作成された日韓議定書を基にしているが、条文を仔細《しさい》に見ると、当初の内容より日本の意向を強く反映した軍事同盟になっている。
『京城府史』に、当時「最も世人の耳目を驚かせた」と記される日韓議定書には反対も強く、漢城では商人の一団が外部交渉局長の家に爆弾を投じている。一九〇四年二月二六日には、日韓議定書に反対する上疏もあった。政界で最も強く反対した軍部大臣李容翊は日本に拉致され、一〇ヵ月間にわたり東京で抑留生活を送ることになる。

反対の声を受け、二月二八日に外部大臣署理李址鎔は辞職を願い出る。その上疏では、「交隣はとても重要な関係です。ましてや今日のような不安定で危ういときには言うまでもありません。東洋の勢局が一変し、時機《じき》が急転し、外憂《がいゆう》が予測できず、朝夕に危険が迫っています」と述べていた（『承政院日記』高宗四一〔一九〇四〕年一月一三日）。

日韓議定書の締結をやむを得ないと判断する李址鎔が、東洋の情勢が一変したなかでも、日本との関係を「交隣」、つまり国際法に基づく「外交」という用語ではなく、従来の中華世界での対日関係を表す用語で説明していた。

三月一七日に伊藤博文枢密院議長が、日韓議定書締結後の高宗を慰問するため、特派大使として訪韓した。伊藤は高宗に謁見し天皇の親書を奉呈している。

他方、四月一四日には李址鎔が特派日本報聘《ほうへい》大使として訪日し明治天皇に謁見した。一九〇四年三月二七日の大韓帝国の『官報』（号外）では、訪日は「交隣友睦《ゆうぼく》」の儀礼と、このときも中華世界の用語で日本との関係を説明している。李址鎔一行は、この渡日で断髪し洋服を着用した。

3 第一次日韓協約の締結――財務・外交顧問の導入

日露戦争下の新しい協約

日本軍が占拠した漢城は比較的平穏だったが、地方では朝鮮民衆が日本人を殺害し、官吏が日本人に土地家屋を売却した場合の罰則をつくるなど、憎悪は激しかった。

日本軍は、日韓議定書第四条に則《のっと》って、鉄道の軍用使用、人夫募集、物資動員、軍用地のための土地収用を行う。一九〇四年三月半ばに平壌《ピョンヤン》を占領後、平壌―元山《ウォンサン》以南の地域で、大韓帝国駐箚《ちゅうさつ》軍とその憲兵隊で民衆の抵抗を鎮圧した。

五月一八日には、大韓帝国皇帝は「韓露条約廃棄勅宣書《ちょくせんしょ》」を出した。日韓議定書に基づいて日本の戦争に協力し便宜を図るため、ロシアとの条約やロシアへの特権を廃棄し、駐ロシア公使館の撤去も決めた。ロシアとの国交断絶宣言とも言える。林公使は二七日、外部大臣に大韓帝国に駐在する各国使臣にも高宗の宣言書(韓露条約廃棄勅宣書)を送らせた。

五月三一日、日本政府は大韓帝国の国防・外交・財政などについて、いっそう確実に保護の実権を確立すると掲げた「対韓施設綱領」を閣議決定する。これに先立ち林公使は高宗に謁見して、次なる新たな協約の予告をしていた。

八月四日、小村外相は林公使に対し、外交・財政顧問の導入を記した「対韓経営計画実施方針」を示し、林公使は外部大臣李夏栄《イハヨン》にそれに基づいた三ヵ条の同意を求めた。それは、①財政を司る度支部への「財務監督」の導入、②外交を司る外部への外国人顧問の導入、③条約締結・外交案件処理について日本政府との事前協議を記したものだった。

八月一二日、林公使は高宗に三ヵ条を提示すると、高宗は「採納」（「受け入れる」の意）し、担当大臣間の合意のみで処理するよう外部大臣李夏栄に命じた。大韓帝国政府側は、「監督」は大臣よりも上位であるような誤解を招くおそれがあるとして「財務監督」を「財務顧問」に修正するよう主張し、林公使はこれを受け入れた。

しかし、八月一八日の議政府会議では、③への異議が多数出る。翌日、状況報告のために来訪した外部大臣李夏栄に、林公使は「威圧を要する旨」を伝え、財政・外交顧問に関する①②にまず記名調印し、③は高宗の意見を確かめるべきと伝えた。同日、林公使は高宗に上奏文を提出し調印を迫った。結局、外部大臣李夏栄と度支部大臣朴定陽《パクチョンヤン》が、先の①②に一九日付で記名調印し、翌日に林公使も調印した。
③については、外部大臣李夏栄が病と称して対応しなかったため、林公使は公使館付武官

を帯同して高宗に謁見し裁可を求めた。八月二三日、李夏栄に代わって外部協弁から大臣署理に就いた尹致昊《ユンチホ》がすでに調印済みの①②に加え、若干の削除修正を求めたうえで③も同意すると林公使に伝えた。結局、一九〇四年八月二二日付で、特命全権公使林権助と外部大臣署理尹致昊が記名調印した。

顧問を通じた内政支配

大韓帝国政府に提案した三ヵ条について、日本政府は日韓議定書第六条にある「未悉の細条」の「臨機協定」と見なし、条約形式はとらずに表題・前文・末文を省略した政府間の行政上の取り決め形式で提議していた。林公使の報告によれば、外部大臣李夏栄もこれに同意したという。

第一次日韓協約の内容は次のとおりである。

一 韓国政府は日本政府の推薦する日本人一名を財務顧問として韓国政府に傭聘《ようへい》し、財務に関する事項は総《すべ》てその意見を詢《と》い施行すべし。

一 韓国政府は日本政府の推薦する外国人一名を外交顧問として外部に傭聘し、外交に関する要務は総てその意見を詢い施行すべし。

一　韓国政府は外国との条約締結、その他重要なる外交案件、すなわち外国人に対する特権譲与、もしくは契約等の処理に関しては予《あらかじ》め日本政府と協議すべし。

この協約の交渉過程で興味深いのは、八月一九日付で財政・外交顧問に関する①②が先に記名調印されていたこと、③については、林公使が高宗に謁見して記名調印を迫っていることである。こうした経過は、大韓帝国政府の局外中立宣言によって、密約交渉が頓挫した経験を持つ林公使の考えによるものと思われる。

いずれにせよ、第一次日韓協約によって、日本政府が推薦する人物を大韓帝国の財政と外交の顧問に置き、条約締結・外交案件処理について日本政府との事前協議を定めた。

財政顧問には、大蔵省主税局長だった目賀田種太郎《めがたたねたろう》が就いた。一〇月一五日に大韓帝国政府が目賀田種太郎と結んだ協定には、「大韓帝国政府は、財政に関する一切の事務は目賀田種太郎の同意を経たる後、施行すること」とあり、実質は「財政監督」と言えた。のちに目賀田は、大韓帝国の貨幣制度を日本の制度に従属させ、予算や歳入歳出を統制していく。

外交顧問には、アメリカ人で長く日本外務省に務め、当時は駐米日本公使館顧問だったダーハム・W・スティーブンスが就任した。その他にも、日本政府は軍部顧問、警務顧問、学部参与官などに日本人を配置し、顧問を通じて大韓帝国の内政支配を強めていく。

第6章 第二次日韓協約の締結——統監府設置、保護国化

日露戦争に勝利した日本は、アメリカ、イギリスに続きロシアからも大韓帝国への保護権の承認を得て、大韓帝国の保護国化に歩を進める。日露講和条約締結から三ヵ月後の一九〇五年一一月一七日に日韓保護条約とも呼ばれる第二次日韓協約（乙巳《ウルサ》《いっし》保護条約）を締結する。

この条約によって大韓帝国は外交権を日本に掌握され、統監府《とうかんふ》を設置されて、内政全般が事実上、日本の支配下に置かれることになる。

第二次日韓協約は、大韓帝国政府、皇帝高宗《コジョン》も抵抗を示した。しかし、列強が承認するなか締結させられることになる。それでも高宗は、ハーグ密使事件で知られる工作を行い、ヨーロッパ諸国からの支持を求めた。だが、日本の周旋の前に国際社会で理解を得られず、この事件を契機に高宗は「譲位」させられることになる。

この章では、日本の保護国とされていく大韓帝国の政治外交を描いていく。

1　欧米の承認、皇帝への強要

米・英・露の保護国化容認

一九〇五年三月、日本は奉天《ほうてん》会戦でロシアに勝利すると、四月八日に「韓国に対する保護権を確立し、外国の対外関係を挙げて我の掌裡《しょうり》に収めること」とする方針を閣議決定した。五月に入り、日本海海戦でロシアのバルチック艦隊を日本が破ると、列強間で動きが起こる。七月二九日、日米間でアメリカのフィリピン支配を承認するのと引き換えに、アメリカが日本の大韓帝国の保護国化を承認する桂《かつら》・タフト協定が締結され、八月一二日には日英間でイギリスのインド領有を承認するのと引き換えに、日本の大韓帝国への保護権を承認する第二次日英同盟が調印される。米英は日本が大韓帝国を指導・保護することを承認したのだ。

第二次日英同盟について大韓帝国は、外部大臣朴斉純《パクチェスン》が皇帝の密旨を受けて、一〇月一七日に駐韓英公使ジョーダンに抗議し、朝英修好通商条約（一八八二年調印）に反すると非難したが反応はなかった。

なお、このイギリス公使に朴斉純が抗議した根拠として、『韓国併合の研究』の著者である海野福寿は独立運動家で作家の朴殷植《パクウンシク》が執筆した『韓国痛史』を挙げる。ただ、朴斉純が抗議した事実は、当時の大韓帝国外部とイギリス公使館で往来した外交文書を集めた『旧韓国外交文書』（英案）や、外部の執務日誌である『交渉局日記』には記載がない。大韓帝国の公的な外交ルートがすでに日本の監視下にあったからだろう。

一九〇五年八月一〇日からアメリカのポーツマスで日露講和交渉が始まった。当初、ロシアは、大韓帝国の独立と主権に関わる事項を日露間で協定することは国際法上不法であると主張した。しかし、九月五日に調印された日露講和条約の第二条では、「日本が韓国で政事上、軍事上、経済上の卓越な利益を有すること」や「日本が韓国に対して必要と認める指導、保護および監理の措置をとること」などが明記された。

日本は、米英に続きロシアからも、大韓帝国に対する保護権の承認を取り付けたことになる。日本はその他の国々もこれに追従すると考え、高宗に保護条約承認を取り付けるべく動き出す。

この保護条約は、のちに「第二次日韓協約」（乙巳保護条約）と呼ばれる。日本は大韓帝国の外交権を掌握し、さらに統監府を設置して、内政全般を事実上支配して保護国とする。ただし、この保護国化が併合を否定するものなのか、あるいは併合の前段階とするものなのか、さらにその場合は、併合までのタイムスパンをどのようにみるのかについて、研究者により見解が分かれている。なお、現在、韓国は第二次日韓協約は成立しておらず、そのためこの協約を前提に締結されたのちの韓国併合条約も無効とし、日本の植民地支配は不法と解釈している。これについては、終章で詳述する。

伊藤博文の強要、高宗の抵抗

第二次日韓協約の締結過程について、本章では海野福寿が編纂した日本側の史料（『外交史料　韓国併合』）を参考にして整理していく。

一九〇五年一一月二日、伊藤博文枢密院議長は、「韓国皇室御慰問」の名目で特派大使として大韓帝国への派遣を命じられた。伊藤は九日には漢城《ハンソン》に入り、一〇日には高宗に謁見して親書を奉呈、近日中の内謁見を願い出た。親書は、「大韓帝国は不幸にして国防もいまだ備わらず、自衛の基礎もいまだ固まらず、東亜全局の平和を確保できない」ので、日韓議定書の趣旨を発展させて「両帝国間の結合を一層強固」にしようという内容だった。

伊藤が訪韓した一一月九日、親日派団体である一進会《いっしんかい》（第7章で詳述）は、日本が大韓帝国の外交権の委任を要求するのは時勢上、当然であるといった二〇〇〇字の宣言書を出した。それに対して漢城では、一進会は国土を売り国民を売る悪魔だと非難する反対運動が起きている。儒者や学生らは、これを契機に漢城の民衆を煽動《せんどう》し新協約反対のデモを行った。

他方、高宗は病を理由に当初、伊藤の内謁見を受け入れず、一一月一五日になってようやく謁見を認める。高宗は冒頭、一八九五年の閔妃《ミンビ》殺害事件について、「もちろん凶行の実行は、朕の侍臣《じしん》および雑輩《ざっぱい》によって醸成されたものであるけれども、彼輩《かのはい》は日本の勢力を頼りにして行ったのは事実である」と述べ、これを想うと「憤然」とせずにはいられないと語った。

妻を殺害されたことが、高宗の日本への嫌悪の根源と確認できる。続いて高宗は、日本による財政整理への不満、日本による郵便事務や通信機関の整備は「指導」を超えて「監理」であり、大韓帝国は「袖手傍観《しゅうしゅぼうかん》」するのみだと非難した。さらに、先の親書についても、「国防不備云々《うんぬん》」を主張するが、大韓帝国の軍隊に縮小を迫っているのは日本であり、そのため地方の賊徒《ぞくと》の鎮圧ができないと不満を訴えた。

伊藤博文（1841〜1909）

対して伊藤は、「大韓帝国はいかにして今日生存できているのか」「大韓帝国の独立は何人《なんぴと》の賜《たま》ものなのか」と居丈高《いたけだか》に話し、さらに通訳の発言を遮《さえぎ》り、「貴国における対外関係、いわゆる外交を貴国政府の委任を受け、わが政府がこれを代わって行う」と、保護条約の提案を行った。

高宗の狼狽

保護条約を強要する伊藤の恫喝《どうかつ》は強まり、持参した条約案の内覧を願い出た。閲読した高宗は、いわゆる外交委任は、その形式もなくなるとするならば、オーストリアとハンガリーの関係と等しく、もしくは最劣等国、たとえば、列国のアフリカに対するのと同一の地位に立つようなものか、と問うた。

高宗は条約案を読み、日本の目的をはっきりと理解していた。これに対し伊藤は「なんら国体上に異動を生ずるものではない」とかわした。高宗は、あえてこれを絶対に拒絶する考えではないといっても、形式だけは残してほしいと数度訴えた。高宗は、ただその形式の幾分かを残すことについては、伊藤の斡旋・尽力によるとし、自分のこの切実な希望を日本の皇室と政府に伝えれば、多少の変化があるだろうと述べた。

つまり、高宗は大韓帝国の独立国家としての形式だけは残したいと強く希望していた。ここには、中華秩序のなかで中国の「属国」であっても、内政外交の自主は守ってきた経験がある。高宗は国際関係を理解して、独立国家としての形式保存の重要性を理解していた。

高宗は「哀訴《あいそ》的情実談」を幾度となく繰り返したが、結局、条約案を政府で検討したい旨を伝えた。

高宗は、事が重大なので、自分がいますぐに決裁することはできないとし、政府の役人に意見を求め、一般人民の意向も察する必要があると述べた。つまり、高宗は、大臣や官僚、一般民衆の意向によって、伊藤の要求を退けることを期待したのだ。

これに対して伊藤は、「貴国は憲法政治にあらず。万機すべて、陛下の御親裁《ごしんさい》に決すという、いわゆる君主専制国ではないのか」と返した。大韓国国制の制定をはじめ、これまでの高宗の専制国家作りが禍根《かこん》となろうとしていた。狼狽《ろうばい》した高宗は、重大なことは中枢院の意見を徴《ちょう》する制度があると伝えた。だが、それでも怯《ひる》まない伊藤に対し、外部大臣が公使と交渉を重ね、その結果を政府に提議し、政府がその意見を決定したうえで自分の裁可を求めるようにするべきと応えた。

高宗は、外部大臣朴斉純と林公使の交渉を認め、その結果を大韓帝国政府で検討し、最終的に自身が裁可すると伝えた。

2　調　印——大臣たちの抵抗と妥協

一一月一七日の御前会議

一九〇五年一一月一六日、伊藤博文は宿舎に大韓帝国の大臣ら八名を集めて、金銀の品々を贈り、保護条約締結の必要を、時に脅迫調の表現を交えて説得した。

長谷川好道（1850〜1924）

学部大臣李完用《イワニョン》と法部大臣李夏栄《イハヨン》は同意した。農商工部大臣権重顕《クォンジュンヒョン》と議政府参政韓圭卨《ハンギュソル》は、大韓帝国が独立国でなくなると反対した。

他方で、林権助公使と外部大臣朴斉純は協約案の公式交渉を開始していた。このとき漢城は日本軍によって厳戒態勢のもとにあり、人々の往来も警戒下にあった。

一一月一七日早朝、各駐屯地の日本軍が漢城に入城する。名目は演習だが、実際は交渉の威嚇《いかく》のためである。午前一一時、林公使は大韓帝国の大臣らを日本公使館に招き、協約案について意見交換した。大臣たちは、協約の調印は、今日の時勢上はやむなきことと承知しつつも、誰も自らすすんで調印を承諾する発言をする者はいない状態だった。

最終的には、高宗に上奏して聖断を仰ぐという意見が出て、「各般の準備を整え」参内に向かった。この準備とは、大臣たちの逃走や高宗の逃亡を防ぐための日本警察官吏・憲兵による護衛の準備である。大臣たちは日本公使館員が連行するようにも見えるなか、王宮に向かった。

高宗臨席の御前会議は午後四時頃から始まった。大臣たちは協約案の拒絶を二度上奏したが、高宗は大臣たちに林公使と交渉を継続するよう命じた。伊藤は午後八時に、朝鮮駐劄軍司令官長谷川好道《はせがわよしみち》と憲兵五〇名を帯同して参内した。高宗は病を理由に引見を拒否した。その後、高宗は宮内府大臣を通して伊藤に協議の延長を提案したが伊藤は認めなかった。高宗は宮内府大臣を通じて、あらためて次のように伊藤に伝えた。それは、自分が政府大臣に、協約案を協議させ妥協をとげさせるので、伊藤がその間に立ち、周旋よく妥協できるように講じることを願う、という内容だった。

伊藤は高宗からの協約承認を取り付け、勅命によって反対する大臣らを封じようとした。だがそれが不可能とわかると、この高宗の言葉をもって、自らへの「周旋」依頼と解し、これを利用し大臣たちを説得し始めた。

賛成五名、反対二名、別席一名

賛成は、学部大臣李完用、法部大臣李夏栄、農商工部大臣権重顕、内部大臣李址鎔《イジヨン》、軍部大臣李根澤《イグンテク》の五名。反対は外部大臣朴斉純と度支部大臣閔泳綺《ミンヨンギ》の二名。議政府参政韓圭卨は半狂乱の状態に陥って別席に移された。

特に伊藤が「全然御同意と認む」としたのが李完用である。李完用は両班出身であり、保護国を受容することで旧来の両班主導の政治体制が維持できると見込んでいたようだ。李完用の留守宅は、暴漢数十名に襲われ放火された。

賛成した李完用、李夏栄、権重顕は、それぞれ入奏前の条文の字句修正を要求していた。李完用は、第三条で統監の職掌に「内政に干渉せず」を挿入することを要求した。これを受けて、「統監は専ら外交に関する事項を管理するため京城《キョンソン／けいじょう》に駐在し」を挿入することにした。李夏栄は、第一条で「外国に対する関係および事務を全然自ら監理・指揮すべし」から、「全然自ら」の削除を求め、認められた。最後に、権重顕は、新たに第五条として、韓国皇室の安寧と尊厳の維持を保証する条文を求め、これも了承された。

以上のような条約修正案を反映させて、高宗に見せると高宗は一ヵ条の挿入を希望した。

韓国が富強を致し、その独立を維持するに足る実力を蓄《たくわ》えたならば、この約案を撤回する。（『外交史料　韓国併合』上、「Ⅳ第二次日韓協約」。30—⑤「日韓新協約調印始末」）

協約の効力期間の設定である。外交権の回復を期待した一条だった。

伊藤は、これをもって「皇帝の裁可が下りた」証拠とし、高宗が希望する一ヵ条を前文に加え、一一月一八日午前一時過ぎ、第二次日韓協約が調印された。内容は次のとおりである。

日本国政府および韓国政府は両帝国を結合する利害共通の主義を鞏固《きょうこ》ならしめんことを欲し、韓国の富強の実を認むる時に至る迄《まで》、この目的をもって左の条款を約定せり。

第一条　日本国政府は在東京外務省により、今後韓国の外国に対する関係および事務を監理指揮すべく、日本国の外交代表者および領事は、外国における韓国の臣民および利益を保護すべし。

第二条　日本国政府は韓国と他国との間に現存する条約の実行を全《まっと》うするの任にあたり、韓国政府は今後日本国政府の仲介に由《よ》らずして国際的性質を有する何等《なんら》の条約もしくは約束をなさざることを約す。

第三条　日本国政府はその代表者として韓国皇帝陛下のもとに一名の統監を置く。統監は専ら外交に関する事項を管理するため、京城に駐在し、親しく韓国皇帝陛下に内謁するの権利を有す。日本国政府はまた韓国の各開港場およびその他日本国政府の必要と認むる地に理事官を置く権利を有す。理事官は統監の指揮の下に従来在韓国日本領事に属したる一切の職権を執行し、ならびに本協約の条款を完全に実行するため、必要とすべき一切の事務を掌理《しょうり》すべし。

第四条　日本国と韓国との間に現存する条約および約束は、本協約の条款に抵触せざる限り、総《すべ》てその効力を継続するものとす。

第五条　日本国政府は韓国皇室の安寧と尊厳を維持することを保証す。

右証拠として下名は各本国政府より相当の委任を受け、本協約に記名調印するものなり。

明治三八年一一月一七日　　特命全権公使　　林権助

光武九年一一月一七日　　外部大臣　　朴斉純

調印の上奏を受けた皇帝は、このような重要な条約を、こんなにも容易に急に締結を見るとは、実に千載《せんざい》の遺恨《いこん》であると慨嘆《がいたん》したという。

一二月二一日、伊藤博文が統監に任命された。日本は、日本公使館を撤収して翌一九〇六年一月一七日に大韓帝国外部の庁舎を借り受け、二月一日に統監府を開庁させる。大韓帝国外部が担った外交は、日本外務省が監理・指揮することとなる。日本を経ないと、いかなる条約も結べなくなった。

日本の各領事館（釜山《プサン》、馬山《マサン》、群山《グンサン》、木浦《モッポ》、京城《キョンソン》、仁川《インチョン》、平壌《ピョンヤン》、鎮南浦《チンナムポ》、元山《ウォンサン》、城津《ソンジン》）は理事庁に改め、新たに三ヵ所（大邱《テグ》、新義州《シニジュ》、清津《チョンジン》）を増設した。

各国の公使館は撤収し、在日本公使館が事務を引き継いだ。大韓帝国に駐在していたベルギー、イギリス、清、アメリカ、ドイツ、フランスの各国公使は一九〇六年三月までに退去し、総領事あるいは領事に変わった。

3　ハーグ密使事件――皇帝の抵抗

第二次日韓協約への反対上疏

大韓帝国には、日本側の史料のように同時代的・即時的に状況を事細かに記した史料は残っていない。

たとえば、皇帝の執務記録を記した『承政院日記』は、先の御前会議が開かれた一九〇五年一一月一七日（高宗四二年一〇月二一日）の記録に、「日本」も「伊藤博文」も一切記されていない。御前会議で条約に反対するあまり、狂乱状態になった議政府参政韓圭卨については、「宮殿で相応《ふさわ》しくない行動をしたため免職する命が下った」と記すのみで、その背景に何があったかは記述がない。

それでも、第二次日韓協約調印から二日後、初めて協約に反対する上疏が行われる。宮内府特進官李根命《イグンミョン》による。

臣は昨日政府が協約を締結したことについて、驚き当惑せずにはいられず、憂慮し嘆息《たんそく》しています。これは大変重大なことです。そうであれば朝廷に諮詢《しじゅん》を求め、協議した後で処理するのが当然であるのに、人々に知られるのではと恐れて、一晩の間に、宮殿で急ぎ会議を開き、このような大きな間違いの決定をしてしまいました。現在、世論は怫鬱《ふつうつ》としているだけでなく、じつに天下万世の罪人となるので、法の容恕《ようじょ》するところではありません。どうか皇帝におかれましては、すみやかに当日会議をした大臣たちを皆、法律に基づいて処罰し、国中の憤りを解いてください。

（『承政院日記』高宗四二〔一九〇五〕年一〇月二三日）

李根命が述べる、重大事は朝廷（中枢院、議政府）に諮詢すべきという点は、まさに高宗が一九〇五年一一月一五日の伊藤博文との内謁見で切に訴えたところだった。

締結直後から、大韓帝国内で第二次日韓協約は歓迎されていなかった。翌日にも、秘書監卿李愚冕《イウミョン》による大臣の処罰を訴える上疏が出ている。

一一月二一日には、朴箕陽《パクギヤン》が次のような上疏を行っている。

日本公使が条約を新たに締結するにあたり、政府に対して威をもって執拗《しつよう》に迫りましたが、皇帝は宗廟《チョンミョ》《そうびょう》・社稷《サジク》《しゃしょく》のことを思い「准許《じゅんきょ》」〔許可〕を与えず、韓圭卨は争い従いませんでした。大臣の中には「否」と書いた者もいたといいます。〔中略〕条約の締結は、政府では、上は聖旨を伺い、下は政府官吏に諮詢して同意を求めた後に、外部が捺印《なついん》して証拠となるといいます。今回は、聖旨はいまだ下されず、韓圭卨は従わず、ただ賊臣が管理する印を強制的に捺《お》しただけで、その条約に信憑《しんぴょう》性はありません。そのため、この条約は即刻取り消すことが、道理上、当然です。

（『承政院日記』高宗四二〔一九〇五〕年一〇月二五日）

日本側の強制・強迫、高宗の不許可の態度について公にしたうえで、本来の締結手続きに則ったものではないと白紙化を訴えている。ここでも、「裁可は下りていない」と理解されている。

一一月二四日、議政府参賛李相卨《イサンソル》も上疏し、「今回の締約は力で強制的に結ばれたので当然無効です」（『承政院日記』高宗四二年一〇月二八日）と述べている。翌一一月二五日には、前侍読姜遠馨《カンウォニョン》も同様の上疏をしている。姜遠馨は伊藤博文を名指しで非難し、第二次日韓協約は「誘説恐喝《ゆうせつきょうかつ》」「恐嚇強迫《きょうかくきょうはく》」のもと調印させられたもので、政府の公的な決定とは関係ない「空紙」だとした（『承政院日記』高宗四二年一〇月二九日）。

第二次日韓協約が日本側による強要・強迫で締結されたため無効だという解釈は、このように締結直後から見られた。より具体的には①通常の決裁過程（議政府会議）を経ていない、

②皇帝は認めていない、③日本側が強制して無理やり結ばせた、という三点が共有されていた。

高宗から九ヵ国へ宛てた親書――不法・無効の訴え

こうした上疏が高宗の指示か、臣下たちの意思によるものなのかは判然としない。高宗の皇帝即位に際しての上疏が意図的だったように、上疏の性格上、前者である可能性は高いが、いずれにせよ、高宗が憤怒《ふんぬ》していたことは間違いない。高宗は日本の暴挙と第二次日韓協約の不当性を世界に知らせれば、大韓帝国の独立を助けてくれると考えるようになる。

しかし、先述したように、第二次日英同盟協約に際しイギリス公使に大韓帝国外部が送ったとされる抗議の記録は大韓帝国外部の公式文書のなかに残されていない。外交を司る外部は、もはや公式ルートで諸外国に第二次日韓協約の無効を訴える状況になかった。

加えて、すでに一九〇四年六月からは、日・英・伊・清など各国に駐在する公使館員の帰国費が大韓帝国政府の予算外支出として請議されている。在外公館の機能は縮小し始めていた。一九〇五年四月には、「日韓逓信機関協定」が締結され、大韓帝国と外国の通信を日本が掌握していた。大韓帝国が自国の在外公館を使って外国政府に訴えるルートは遮断されていたのだ。一一月の第二次日韓協約より前に、日本は大韓帝国の外交を監視していた。

高宗が国際社会に訴えるには、親書を持たせた密使を通して各国に働きかける方法しかなかった。ここで一九〇二年から動き出していた万国平和会議への加盟要請が意味を持つ。

玄尚健《ヒョンサンゴン》を通してロシア皇帝と通じた韓露の秘密ルートによって、一九〇六年四月頃に高宗のもとへ、第二回万国平和会議（一九〇七年六月一五日にオランダのハーグで開催）の予備的招請状が届けられた。

一九〇六年六月に入ると、高宗は英語教師だったアメリカ人H・B・ハルバートを特別委員に任命し委任状を与え、米・仏・独・露・伊・清・オーストリア・ハンガリー・ベルギーの九ヵ国の元首宛の親書（六月二二日付）を渡した。

韓国の研究者の金基奭《キムギソク》によると、親書の内容は、第二次日韓協約については、①脅迫を受けて強制的に結んだ、②高宗は政府に調印を許可していない、③議政府会議を経ない手続きである、と不法・無効を訴えたものだった。この三点は、第二次日韓協約調印直後の上疏で言及された内容と同様である。さらに、将来この件をオランダのハーグにある常設仲裁裁判所に付する予定であり、そのための援助も求めていた。

ただ、この親書の真偽は判然としていない。

ハーグでの三人の密使

第二回万国平和会議に大韓帝国が参加することを危惧した日本政府は、ロシア政府に「大韓帝国は日本の保護国となった以上、参加は認めない」と伝え、関係各国にも同様に伝えた。そのため大韓帝国は正式な招請状を受け取ることができなかった。

それでも高宗は、一九〇七年四月二日付で、前議政府参賛李相卨《イサンソル》と前平理院検事李儁《イジュン》に全権委任状を与え、大韓帝国の代表として第二回万国平和会議に送り出す。五月八日には、ハルバートもヨーロッパへ向かった。六月四日、李相卨と李儁はペテルブルグで前駐露公使館書記官李瑋鍾《イウィジョン》と合流し、ロシア皇帝に高宗の親書を奉呈したのち、ベルリン経由で二五日にハーグに到着した。

なお、五月の段階で伊藤博文統監は、高宗がハルバートを密使として万国平和会議に派遣した事実を、駐韓フランス総領事の報告から知っていた。伊藤は、五月二二日の高宗への内謁見で、「陛下は米国人ハルバートに託して、万国平和会議で韓国国権回復のことを運動するために、その運動費として巨額の金額を贈与なさろうとして、その金額の支出に窮し、他に金策を相談なさった事実がある」と質《ただ》している。

さらに伊藤は「陛下は、今より、このような詐略《さりゃく》的ご行為を断然あらためられないのであれば〔中略〕、貴国の前途に、きわめて不利益な結果を招くことになるでしょう」と高宗に釘を刺している。

さて、密使の三人は、六月二六日にロシア代表のネリドフ議長に、高宗の印璽《いんじ》を捺した全権委任状を示し、第二回万国平和会議への参加を申し入れようとした。だが面会を謝絶される。代表の招待は主催国であるオランダの権限だと聞かされた三人は、オランダ外務省を訪問して外相との会見を要請したが、日本政府の紹介がなければ会見はできないと拒否された。

ハーグに辿り着いた密使の３人　左から李儁，李相卨，李瑋鍾

各国はすでに大韓帝国の外交権が日本へ移譲されたことを認めていた。結局、大韓帝国は二年間にわたり外交関係がないという理由で、万国平和会議への参加を認められなかった。この会議の日本首席代表である都築馨六《つづきけいろく》大使は、事前に各国の代表に大韓帝国の使節には取り合わないよう注意を喚起し、各国代表は三人に冷淡だった。

大韓帝国の外交を日本政府（外務省）が監理することについては、すでに一九〇六年二月の段階で、大韓帝国駐在の外国領事への認可状交付義務から英・独・露が、赤十字条約改正会議への招請時にスイスが、それぞれ認めた事例があった。

期待を裏切られた李瑋鍾は、『ニューヨーク・タイムズ』紙の記者に心情を吐露している。さらに、三人は会議周辺で配布された非公式会議報（六月二七日付）に、各国代表に訴える以下の文書を掲載した。

とくに、第一に、日本はわが皇帝の同意なしに行ったこと、第二に、日本は武力によってその目的を達成したこと、第三に、日本はわが国の法規慣例に違反したことを指摘しておきたい。（「一九〇七年ハーグ平和会議再訪」上）

ここでもやはり、皇室の裁可の欠如と日本による強制締結、通常の決裁過程の不備が第二次日韓協約の無効を訴える論理となっている。

伊藤博文の韓国併合への考え

このように一九〇七年六月、いわゆるハーグ密使事件が起こると、伊藤博文統監の要請で七月一〇日に元老・閣僚会議が開かれ、次のような内容が天皇の裁可を得た。

帝国政府は現下の機会を逸《いっ》せず、韓国内政に関する全権を掌握せんことを希望す。

(『日本外交文書』四〇―一)

日本はハーグ密使事件を契機に、韓国内政の掌握に動き出す。手続きは伊藤統監に一任された。これがのちの第三次日韓協約につながる。

なお伊藤統監については、この時点で、将来の韓国併合を決断していたかについては、現在でも研究者のあいだで意見が分かれている。

たとえば、日韓関係史を研究する森山茂徳は、伊藤が韓国併合即時断行派だったとみる。一方、伊藤博文を研究する伊藤之雄は、伊藤は韓国政府を前提にした演説をしており将来の併合を決意していることをうかがわせるものは何もないという。日朝関係や植民地統治を研究する小川原宏幸は、伊藤は韓国併合による日本の財政的負担を危惧し、併合ではない複合国家の形式での大韓帝国の日本編入を構想していたとする。

後述するように、日本は一九〇七年七月に高宗譲位と第三次日韓協約をあっけなく断行する。このことに照らせば、一八九八年の毒茶事件によって知的障害の状態にあったとされる皇太子(高宗と閔妃《ミンビ》の間の子、名は坧《チョク》、のちの純宗《スンジョン》《じゅんそう》)を新皇帝に据えてまで韓国皇室を残し、即時併合しなかった意味を考えるべきだろう。伊藤はただちに大韓帝国を併合することで生じるデメリットを見ていたと思われる。

高宗の強制譲位は、必ずしも日本政府の方針ではなく、伊藤に韓国内政掌握の実行が一任された過程で起こる。森山茂徳は、皇室を存置したのだから、以後は朝鮮統治がやりやすくなるという伊藤の考えを指摘する。この「やりやすさ」について、伊藤がどの程度の支配までを考えていたかはわからないものの、高宗を退位させても日本の天皇ではなく純宗に譲位した意味は大きいだろう。

4 第三次日韓協約の締結——皇帝の強制譲位後

高宗の強制譲位への策動

大韓帝国内では、ハーグ密使事件を企図した高宗について、五月に総理大臣に就いた李完用を中心に譲位させることで動き出していた。

『日本外交文書』によると、一九〇七年七月六日、李完用は伊藤統監を訪ねてハーグ密使事件の重大さゆえ「国家と国民とを保持すれば足る。皇帝の身上の事に至っては顧《かえりみ》る必要はない」と高宗の皇帝譲位をほのめかした。これに対し伊藤は、「なお熟慮すべし」と答えたという。

この件について、先に触れた七月一〇日の元老・閣僚会議でも議論となっていた。譲位については、寺内正毅《てらうちまさたけ》陸相だけが「今日実行」とした以外、山県有朋元老は「今日は否」、多数も「否」であり、日本政府の方針ではなかった。

他方で、七月一六日から連日、李完用は高宗に譲位をするよう諫奏《かんそう》、つまり忠告している。日本側の記録（『日本外交文書』）によれば、大韓帝国政府は高宗のハーグ密使派遣を重く見て、高宗が自らすすんで何らかの措置を執るべきと認め、高宗譲位を決断したとされる。

他方、大韓帝国政府の記録から譲位の経過を確認することはできない。ただ、独立協会会員でもあった鄭喬《チョンキョ》の記録（『大韓季年史』）では「廃立」の断行は不可避と見ている。大韓帝国内の動きを見て、伊藤統監も皇帝譲位に動く。折しも李完用による高宗への譲位諫奏の三日前の七月一三日、明治天皇は伊藤統監宛に自らの考えを渡韓する林董《はやしただす》外相に託している。

その内容は、大韓帝国皇帝の心事、実に定まらず、日韓協約も表面上のみで、何度変動したかわからない。今度の期に際し、大韓帝国皇帝の頭脳を改良し、将来、強固不変動な方法を立てるように、というものだった。

明治天皇はハーグ密使事件を契機に、大韓帝国の内政を改善する意思を伝えた。

興味深いのは、明治天皇が高宗について「心事、実に定まらず」と優柔不断な高宗像を持っていることである。先述したように、林権助公使も優柔不断な高宗像を持っていた。加えて、高宗に謁見した西洋人も同様な評価をした。しかし、露館播遷、その後の皇帝即位、独立協会解散や大韓国国制制定などから浮かび上がる高宗像は優柔不断だけには見えない。正式な外交ルートがないなかで、密使を駆使して国権回復に動く姿は違うようにも思える。日本が優柔不断と見たのは、高宗個人の性格よりも、朝鮮政治の在り方の影響もあったのではないだろうか。

朝鮮の伝統的な政治は、政府大臣だけではなく地方の儒者の上疏も取り入れ、上疏を通して国王（皇帝）と民が結びつく形式である。西洋の君主像とは距離があった。実際に、高宗の皇帝即位の過程でも、政府役人や民からの幾度となない上疏を退け、最終的に上疏を受け入れる形式で即位している。また、大臣たちも、任命されると数回辞退してから、引き受けて就任するのが慣例だった。加えて、朝鮮独特の儒教を前提とした婉曲《えんきょく》表現などもあり、儒教エリートの言動は、中華世界の政治文化を共有していない者には理解が難しい。

以下、繰り広げられる高宗譲位の経過についても、それゆえ曖昧に見えるが、高宗は譲位を望んではいなかった。

譲位へ

先述したように七月一六日夜、李完用は参内して高宗に譲位を勧めた。翌日夜には閣僚一同が参内して譲位を勧めたが高宗は応じなかった。

七月一八日夜、再び閣僚一同が参内し、林董外相の漢城到着による時局の切迫を伝えると、高宗は「朕、今ここに軍国の大事を皇太子に代理させる」(『承政院日記』高宗四四〔一九〇七〕年六月九日)という詔勅を出した。翌一九日、大韓帝国政府は統監府に、前日に高宗が譲位したと通牒《つうちょう》し、各国に声明することを伝えた。

日本は高宗が「譲位」を受け入れたと見なし、伊藤統監は純宗を皇帝に即位させ既成事実化しようと動き始める。

皇帝の動静がわかる政府記録『承政院日記』によれば、次のような経過を辿《たど》る。

七月一九日に高宗の命で、皇太子が圜丘《ファンク》や宗廟などへの報告(告由祭)を、この一九日に行うこと、代理する吉日(皇帝即位日)の占いを行うことを決める。同日、皇太子は代理とする詔勅に畏《おそ》れ驚き、断る上疏を二度出している。これは日本が朝鮮の政治文化の慣例に従って、詔勅を断る上疏を二度出させつつ、それを同日にすることで、譲位確定を急いだためだろう。

七月二〇日にはハーグに派遣された密使三名に厳罰が下される。二一日に皇太子は高宗の命令を受け入れ、庶政を代理すると臣民に伝えている。二九日には高宗が「太皇帝」になることが決まり、八月二日に「隆熙《りゅうき》」に改元する。

他方、『日本外交文書』によれば、七月二〇日午前八時から譲位式を挙行し、同日夕に英・仏・独・清・ベルギーの各国総領事が新帝に謁見している。『京城府史』によると、式典後には高宗が「朕、譲位式が終わったことを喜ぶ」と勅語を下し、各大臣が感激した。なお、七月一九日から二〇日にかけて、民衆や近衛兵は大韓帝国の大臣たちを殺害しようと激昂、李完用の邸宅が放火された報告もある。

高宗の皇帝即位に際しては、半年以上の時間をかけ内外の意向を汲み入れて行った。だが、譲位はハーグ密使事件(六月二六日)から一ヵ月も経たずに行われている。ただし、韓国の研究者の李泰鎮《イテジン》は、高宗は皇太子に「代理」の詔勅を出しただけで、譲位ではなく一時的に摂政をさせたと述べて、最後まで譲位に抵抗していたと言う。

純宗皇帝の即位

皇太子の皇帝即位は、一九〇七年八月二七日午前九時から王宮で内外国人三〇〇名ほどを集めて行われた。九時半に侍従院卿・侍従武官を随《したが》えて臨御《りんぎょ》した。総理大臣李完用の賀表《がひょう》朗読ののち、長谷川好道大将が統監代理として賀詞《がし》を朗読、次いでベルギー総領事バンカーが各領事代表として賀表朗読し、一〇時五〇分に式は終了した。ここに純宗皇帝が即位する。

即位式は伝統的な儀礼と近代的な礼式を併行した。式場に現れた純宗の服装は、中華の皇帝の服装である黄色の袞龍袍《コリョンポ》で、休憩をはさんで登場した純宗は断髪・軍服姿、すっかり男らしく見えたという。

高宗の皇帝即位式では、明朝中華にならった儀礼が中心であったが、純宗の即位式では中華の皇帝の正服から西洋式の軍服への衣装替えのみだった。音楽は宮中楽隊による伝統音楽と、軍楽隊による愛国歌の両方が演奏された。

即位式に参列する大韓帝国の官員は、大礼服とフロックコートの着用が推奨された。しかし、大礼服の準備ができない官員らが辞職願を出すと、小礼服と紗帽《さぼう》（百官が平常服に着用した冠）の着用も認められた。断髪は必須《ひっす》で、それが明らかにわかるようにしなければならなかった。これも、百官が伝統的な朝服で参列した高宗の皇帝即位式とは対照的である。

純宗（1874～1926. 在位1907～10）

内政の掌握へ——第三次日韓協約

高宗の強制譲位から五日後、一九〇七年七月二三日には日本との新協約交渉が始まった。

伊藤博文統監は、総理大臣李完用、農商工部大臣宋秉《ソンビョン》

峻《ジュン》と二時間ほどの密談後、七月二四日正午頃に協約案を大韓帝国側に手渡した。宋秉畯は次章で詳述する親日団体の一進会の中心人物でもある。

のちに第三次日韓協約と呼ばれる新協約は、大韓帝国政府にあっさりと承認された。内容は以下のとおりである。

日本国政府および韓国政府は、速《すみやか》に韓国の富強を図り、韓国民の幸福を増進せんとするの目的をもって、左の条款を約定せり。

第一条　韓国政府は施政改善に関し統監の指導を受くること。

第二条　韓国政府の法令の制定および重要なる行政上の処分は、予《あらかじ》め統監の承認を経ること。

第三条　韓国の司法事務は普通行政事務とこれを区別すること。

第四条　韓国高等官吏の任免は統監の同意を以てこれを行うこと。

第五条　韓国政府は統監の推薦する日本人を韓国官吏に任命すること。

第六条　韓国政府は統監の同意なくして外国人を傭聘《ようへい》せざること。

第七条　明治三七年八月二二日調印日韓協約第一項はこれを廃止すること。

右証拠として、下名は各本国政府より相当の委任を受け、本協約に記名調印するものなり。

明治四〇年七月二四日　統監侯爵　伊藤博文
光武一一年七月二四日　内閣総理大臣勲二等　李完用

この第三次日韓協約は、先の日本政府の意向に基づき、大韓帝国の内政を掌握するものである。大韓帝国政府で大臣以下の重要な役職者の任免には統監の同意が必要となり、統監が推薦する日本人を監理に任命する必要があった。そして統監の同意なく外国人顧問の雇用もできなくなった。

ただ、この第三次日韓協約は日本政府の承認や天皇裁可がなかった。先の七月一〇日の元老・閣僚会議で大韓帝国内政掌握への手続きは伊藤統監に一任する決定がなされ、調印後に天皇裁可、政府承認が行われた。

高宗の皇帝譲位に対して、漢城の民衆は激しく抵抗していた。伊藤統監は軍隊と民衆が連携して蜂起するのを事前に防止するため、第三次日韓協約締結後ただちに大韓帝国の軍隊を解散させた。

第7章　大韓帝国の抵抗と終焉——一九一〇年八月の併合へ

前章から少し時間を戻し、一九〇五年一一月の第二次日韓協約による保護国化から、一〇年八月二二日の韓国併合条約までの時期について、特に大韓帝国の社会を見ていく。

大韓帝国はまだ植民地ではなく保護国だったが、日本の統監府による統治が朝鮮人に直接影響を及ぼすようになればなるほど、統監府の統治も朝鮮人の反応を受けて変容した。

学界では一九〇七年七月の第三次日韓協約締結の頃を境に、保護国期の統治について「文化政策」と「自治育成政策」に分けて理解されている。これは伊藤博文統監の保護国化構想が、日本の財政負担を軽減しながら大韓帝国の自治を育成することで、朝鮮人から日本統治への合意を得ようとするものだったためだ。

この章はこうした区分とも重なるが、より大韓帝国内部を描こうとする試みから、皇帝の在位期間によって、高宗《コジョン》の時代の一九〇七年七月二〇日までと、純宗《スンジョン》の時代とに分けて見ていく。

1　一進会と義兵運動――高宗皇帝の時代

伊藤博文統監の文化政策

一九〇五年一一月一七日の第二次日韓協約により、日本は大韓帝国の外交権を接収し、首都（漢城《ハンソン》・京城《キョンソン》）に統監府を設置、統監には伊藤博文が就任した。日本による大韓帝国の保護国化である。外交権の接収より前、日本は第一次日韓協約（一九〇四年八月）によって、宮内府顧問、軍部顧問などに日本人を任命し、いわゆる顧問政治を始めていた。

伊藤博文は統監就任後の一九〇六年三月一三日、一〇〇〇万円の企業資金を日本から朝鮮に貸与し、普通教育振興、道路改修、水道新設、殖産興業、衛生施設の充実を推進する。日本の対韓政策の恩恵を受ける朝鮮人を増やす目的である。

他方、伊藤統監は、宮中と府中（政治）の別を掲げ、皇帝権の縮小・制限、皇帝をはじめ宮中の行政や司法への関与を制限しようとした。親日団体である一進会との提携を嫌う総理大臣朴斉純《パクチェスン》が伊藤に辞意を伝えると、伊藤は宮中に対抗できる勇気ある人物を次の総理大臣に指名したいと明治天皇に上奏している。それは学部大臣李完用《イワニョン》だった。

李完用は組閣にあたり、一進会会長の宋秉畯《ソンビョンジュン》の入閣を伊藤に求めた。一進会と政府との連携は伊藤も構想していたが、時期尚早とも考えた。しかし、すでに宋秉畯が農商工部大臣に任命されるという噂が立っていたこともあって、宋秉畯や一進会の面子《めんつ》のため、入閣を認めた。一九〇七年五月二二日、李完用内閣が発足する。

韓国統監府庁舎

一進会の結成——独立協会の系譜

親日団体の一進会は、日本による韓国併合にあたり一定の協力的役割を果たした政治結社である。

一進会は、一九〇四年八月一八日に「維新会」の名前で、二〇日には「一進会」に改称して発足した。発足のきっかけは、一九〇三年冬、尹始炳《ユンシビョン》をはじめ旧独立協会系の人々が、日露戦争が迫るなか大韓帝国政府の無能を感じ、日本の援助のもと国家を立て直そうと考えたことによる。翌一九〇四年になると宋秉畯を中心に会が組織されていった。

宋秉畯は機智才略に富み、名門の出ではないが閔泳煥《ミンヨンファン》の食客となり、一八七一年に科挙（武科）に合格。甲申政変後に金玉均《キムオッキュン》暗殺の密命を受け渡日するがむしろ同志となる。帰国後、金玉均と通謀したため投獄されるが、閔泳煥の周旋で出獄、地方官吏に任命されるも朝廷とそりが合わず日本へ行く。日本では「野田平次郎」と名乗った宋秉畯は、日本に協力することが韓国を救う道だと信じるようになる。

宋秉畯（1858〜1925）

宋秉畯は、一九〇四年に日本の陸軍軍人に従い大韓帝国に入り、陸軍司令部の通訳となった。直後に尹始炳と出会ったことをきっかけに元独立協会会員が集まり、一進会発足につながっていく。宋秉畯らは、①大韓皇室の安寧、②政府改善、③人民の生命財産の保護、④軍政・財政の整理を掲げた綱領を作成した。

一進会会員には、大韓帝国の政府・支配層への不信感があった。彼ら朝鮮人の不満は「開国」以降、壬午軍乱、甲申政変、東学農民運動、甲午改革、義兵運動、そして独立協会などに表れたが、政府はこうした一連の動きを押さえつけてきた。とりわけ独立協会解散後、大韓帝国は皇帝専制となり、知識人や民衆を圧迫していた。一進会は、民権を伸長し、国力を維持する政府が必要と考え、そのための日本の援助を期待していた。

日露戦争中に宋秉畯は、日本軍の通訳だけではなく、日本軍が求めていた人夫・軍需品徴収の役目を一進会で引き受ける。兵員輸送、物資運搬、敵情偵察、兵糧供給などに従事し、日本軍を助けた。特に、京城と清との国境にある新義州《シニジュ》を結ぶ京義鉄道建設工事では、駆り出された朝鮮人の多くがこの工事に反発するなか、一進会はこれに積極的に協力した。

東学教徒による進歩会の合流

他方で、一九〇四年九月頃から、東学を母体とした「進歩会」が発足する。第三代教主孫《ソン》秉熙《ビョンヒ》が、名門出身で名声高い李容九《イヨング》に指示し、彼の主導でつくった文明開化を標榜《ひょうぼう》した東学教徒の組織である。

進歩会は創立以前から日本との深い関係があった。「李祥憲《イサンホン》」と改名した孫秉熙は、日本に滞在しながら、日露戦争開戦前夜に、戦勝国として日本を想定し、日本陸軍参謀本部の田《た》村《むら》怡《い》与造《よぞう》に運動費を支給した。日本軍の大韓帝国への上陸時にも同行し、大韓帝国の政治を改革する計画を立てた。田村の死後も、日本の陸軍省に軍資金一万円を援助し接近。また、東学が反日ではないことを示すために、進歩会は各地で一斉に断髪を行い、断髪を「会員章」とした。

進歩会の目的および規則は、①独立保全、②政治改革の建議、③人民の生命財産の保全、④財政整理、⑤同盟国への軍事的補助、⑥断髪だった。こうした考えは一進会の目的とも通じ、宋秉畯と李容九が懇意だったことから、一九〇四年一二月二日、進歩会と一進会は合併し、新しい一進会として発足する。新しい一進会は、旧独立協会系の人々と地方の東学教徒が合流して成り立った。

一進会の活動

進歩会との合併後の一進会は、会長に李容九、副会長に尹始炳、地方総長に宋秉畯を据え、望月龍太郎など数名の日本人顧問を置いた。

一九〇五年初めまでに、一進会はほぼ全国で地方組織を設立。とりわけ黄海道《ファンヘド》、平安南《ピョンアンナム》北道《プクド》、咸鏡南道《ハムギョンナムド》といった朝鮮半島北部で参加者が多かった。当初漢城の一部知識人たちの政治結社だった一進会に、東学という宗教的結束が加わり全国的に広がったと言えよう。会員数は約一〇〇万人。元官吏、儒学者、地方士族、農民、商人など幅広い階層で構成され、他の政治結社と比べて大規模なものだった。

一進会は、租税抵抗運動を通して地方組織を強固にした。甲午改革と大韓帝国の土地調査事業を経て変質した税制に対し、一進会は小作料の減額などを求め幅広い支持を獲得した。地方の民衆は一進会を支持し、「自分の髪を切ってくれ」と言い出す農民もいたという。断髪が文明開化の証《あかし》だけではなく、政治経済的な利害にも関わるようになっていた。

他方、一九〇五年五月には、民衆啓蒙の手段として、漢城市内に「光武学校《カンムハッキョ》」を設立した。校長には会長李容九が就いた。光武学校は三年制の普通学校（小学校）で、授業科目に日本語を加えていた。

一九〇五年一一月、第二次日韓協約締結によって大韓帝国が保護国となると、一進会は第二次日韓協約に賛同する宣言書を出し、政治的立場をより明確にする。宣言書には、日本が大韓帝国の外交権の委任を要求するのは、時勢に応じたもので、いまこれに反対しても防ぐことはできない。反対すれば自滅の外《ほか》なしとあった。しかし、あまりに露骨な日本支持のため、民衆が反発、国の独立維持と民族意識の向上を訴えていた『皇城新聞《ファンソンこうじょう》』（一八九八年創刊）は連日、一進会は国土を売り国民を陥れる悪魔と罵《ののし》った。

李容九（1868～1912）

愛国啓蒙運動——大韓自強会

一進会以外にも、大韓帝国の現状を憂慮する団体が組織されていた。なかでも大韓自強会は、当時の大韓帝国の知識人を考えるうえで重要な存在である。

一九〇六年四月四日、大韓自強会は発起人二〇余名によって設立された。目的には、「教育の拡張と産業の発達を研究・実施することにより、自国の富を計画し、他日の独立の基礎をつくること」とあり、教育と産業を通した国家の自強と将来の独立を謳《うた》っていた。

その前身は一九〇五年五月、一般国民の政治的意識、民族の独立精神を奮い起こそうと設立された憲政研究会である。しかし、半年後に第二次日韓協約が調印され、「民族の独立精神を鼓吹《こすい》する」ことが難しくなり、大韓自強会に改称し、「国権回復、教育、殖産」の三大綱目を掲げた。大韓自強会会長は尹致昊《ユンチホ》、評議員と幹事員がそれぞれ一〇名、日本人顧問として新聞記者だった大垣丈夫がいた。

一九〇五年頃から大韓帝国が併合される一〇年にかけて、主に近代思想を受容した知識人たちは、教育や産業の振興を通して民力を養成し、国家の自強と独立を果たそうとした。それは「愛国啓蒙運動」と呼ばれる。同じく知識人たちが組織したかつての独立協会は、「清からの独立」と「近代独立国家形成」を掲げたが、大韓自強会は統監府の統治を前提とした「国権回復」を主張していた。

愛国啓蒙運動は、保護国化の原因を朝鮮政治・社会の旧習にあると見ていた。そのため主導する近代的エリート知識人たちは、社会進化論、天賦人権論、社会契約論に強い関心を示し、近代文明を評価し、「文明化の使命」を受け入れた存在として日本を評価していた。そのため現在の韓国では、こうした運動に「愛国」という表現を用いない場合がある。

大韓自強会も統監府の統治に一定の期待をし、大韓帝国の国力が養われれば、日本は去り、独立が保たれると考えた。ただ、後述する義兵運動への日本による蛮行が伝わると、会員の一部は「抗日運動」を展開する。

高宗への皇帝譲位の強要にあたっては、大韓自強会会員は反対し、総理大臣李完用の邸宅を放火している。統監府が反日運動の取り締まりを始めると、一九〇七年八月にわずか一年余りで解散した。

組織化された義兵運動

さて、大韓帝国期から日本の植民地期、朝鮮人の反日活動について象徴的に語られるのが義兵である。義兵とは、国の危急に際して、民衆が政府の命令や徴発を待たずに、義をもって自発的に組織する民軍のことだ。義兵は大韓帝国期にのみ起こったものではない。一六世紀末の文禄・慶長の役や、大院《デウォングン》君政権下における洋擾《ようじょう》の際にも見られた。

高宗親政以後、最も激しい義兵は、一八九五年末から九六年に甲午改革で行われた服制改革や断髪令、時を同じくして起こった閔《ミン》妃《ビ》殺害に抗議した蜂起だった。

義兵の活動、いわゆる義兵運動は、募兵から軍需調達を含めた作戦計画、抗戦にいたるまで、指導者である「義兵将《ぎへいしょう》」を頂点に、部隊の単位で組織化されていた。指導者の中心は、元役人や儒者で、保護国期には義兵将が数百名いた。義兵運動は、地方で儒学を講じる学校の郷校《ヒャンキョ》、地方の支配層で構成される集まりの郷会《ヒャンフェ》を通して組織された。主たる兵は農民である。

この時期に義兵運動を牽引《けんいん》し、大きな役割を果たしたのが柳麟錫《ユインソク》である。柳麟錫は小中華思想と衛正斥邪《えいせいせきじゃ》論の考えの持ち主だった。明朝中華を朝鮮が引き継ぐという小中華思想では、夷狄《いてき》は清を指したが、衛正斥邪論が唱えられる近代以降では、日本や欧米列強となる。夷狄は中華を攻撃し、破壊しようとする存在と理解された。

柳麟錫は、日本や欧米列強が朝鮮を侵略し政治制度や服制の文化を西洋化（夷化）させ、これまで以上に中華世界の文明に甚大な打撃を与えたと考えた。彼は日本が指導する近代化の政策に追従する開化派を憎悪した。

義兵の代表的人物として、ほかに崔益鉉《チェイッキョン》が知られる。一九〇六年に崔益鉉が記した日本批判では、人間と国家の普遍的原理として忠愛と信義を挙げ、帝国主義列強もそれを持つべきとし、日本は信義を放棄したと批判する。崔益鉉は国際法の考えも理解していた。誰もが遵守しようとしない国際法＝信義を、弱者たる朝鮮が遵守する道義的優位性をもって列強に対抗しようと考えていた。

保護国期の義兵たち

保護国期における義兵将の身分で最も多かったのは、儒者・両班でおよそ二五％、次に農民の一九％、軍人の一四％が続く。

慎蒼宇《シンチャンウ》の研究によると、甲午改革期の義兵が儒者中心で、国民的抗争に発展できなかったことを反省し、この時期の義兵運動はさまざまな階層を取り込んでいた。そのため兵士の職業別割合は、農業六九・八％、商業一三・六％、無職四・四％、工業三・一％など多様だった。

それぞれの構成員には特徴があった。農民や商人といった平民層は、儒教的信念で武装する儒者の指導者を望んだ。彼らは伝統的価値体系に共鳴し、多様な近代的価値を儒教的思考から解釈していた。貧民層は、義兵運動における反日活動の主体というより、周囲の資産家から財物を略奪して分けたり、そうした活動を積極的に煽動していた。軍人はその身分的特性上、大韓帝国という国家に対する忠誠心が強かった。

儒者の義兵将は、中華の価値の回復を望みながらも、近代的な世界秩序に決して無知ではなかった。彼らの理念は、旧日本新参の理念で専制国家を築こうとする高宗の考えと重なる部分がある。

常備軍の不足した大韓帝国で国権を回復するためには、義兵との連携が必要だった。義兵将のなかには、高宗の密旨や特別な命令・勧告を受けた勤王勢力と通じた者もいた。高宗は日本に抵抗する手段として、義兵にも着目していた。

李完用（1858〜1926）

李完用内閣の発足——一九〇七年五月

李完用は、統監府設置とともに大韓帝国に赴任した外交官の小松緑《こまつみどり》が「吾輩の最も推服している偉人の一人」と述べるほど、時勢を読み大勢の行方を明察する能力に優れていた。第6章で述べたように、李完用は日本による保護国化を受容しようとしていた。

他方、伊藤博文統監は李完用を中心とした大韓帝国政府だけでなく、一進会の利用も考えていた。一進会発足当初の一九〇五年には、一進会会員の政府官吏登用者は一名だったが、〇六年には五名、〇七年には二〇名に達していた。伊藤の後援を受けた一進会は、多くの会員が官吏に任用され、李完用内閣時に全盛期を迎える。

李完用内閣が発足すると、議政府官制を廃止し内閣官制（一九〇七年六月）を制定した。これにより、内閣の首班である総理大臣の権限が拡大した。また、各大臣の権限も強め、高宗の権限を制限した。

先述のように、ハーグ密使事件が起こると、大韓帝国の内政も日本が掌握しようと動き出した。同時に、統監府と協力関係にある李完用内閣のもと李完用や宋秉畯が、ハーグ密使事件を起こした高宗を非難し、譲位を促したのも自然な流れだった。

高宗の皇帝譲位はあくまでも大韓帝国政府が自主的に行うもので、日本の意向によるものではないという伊藤の構想に沿うことができたのだ。

2　南北巡幸と伊藤博文の思惑――純宗皇帝の時代

日本人顧問の増加

一九〇七年七月に高宗が譲位し、内政の掌握を目的とした第三次日韓協約が締結されると、日本の支配はさらに強化されていく。

まず、七月三一日に軍隊解散の詔勅が出された。伊藤は民心が動揺し暴徒化することを恐れ、暴動の鎮圧には武力を用いることを長谷川好道韓国駐劄軍司令官に命じた。『京城府史』によれば、大韓帝国の軍隊は、九月三日までに地方鎮衛隊《ちんえいたい》全部（二二五〇人）を解散している。

また、多くの日本人顧問が大韓帝国政府内に任用されていく。これは朝鮮人を教育し、いずれは朝鮮人官吏を増やしていく考えに基づくものだった。永島広紀によると、一九〇八年末までに、日本人官吏は総数約二〇〇〇名で、財務を司る度支部《たくしぶ》では一六八五名中、約半数の八二五名が日本人だった。そのほか、法部や農商工部で日本人官吏の割合が高く、一方で皇室関係の儀典を管掌する宮内府や朝鮮人子弟の教育を担う学部では日本人官吏の割合が低かった。

他方で、高宗の息子で純宗の弟の李垠《イウン》は、一九〇七年八月七日に数え一〇歳で皇太子に冊封されたが、一一月に伊藤統監の進言によって純宗皇帝から東京への「留学」が命じられた。李垠は学習院中等科、陸軍士官学校、陸軍大学校などを経て、のちに日本の皇族である梨《なし》本宮方子《もとのみやまさこ》と結婚する。韓国併合後に李垠は、朝鮮王公族として日本で準皇族の扱いを受けることになる。

伊藤博文の自治育成政策

伊藤博文統監は、大韓帝国の治外法権の撤廃をはじめ司法改革、法典編纂、地方行政改革、財政の統一（地租と海関収入の統一）、鉄道・郵便・電信事業の日本逓信省への移管、教育の普及などを掲げ、保護政治を本格化させていく。

一九〇七年末からは、日本をモデルにした大韓帝国の司法制度改革に着手した。一二月に法典調査局を新設して、法学博士の梅謙次郎《うめけんじろう》らを招聘、法規を改正し新しい法律を発布、大審院、控訴院、地方裁判所などを設置した。伊藤は特に司法制度改革に注力していた。伊藤の統監退任後となるが、一九〇九年七月には、曽禰荒助《そねあらすけ》統監と総理大臣李完用のあいだで、大韓帝国の司法権を日本政府に委託する覚書が結ばれることになる。

学校教育については、一九〇八年八月に「私立学校令」が公布された。背景には、愛国啓蒙運動がある。大韓帝国内には五〇〇〇を超える大小の民族系・宗教系の私立学校があったが、少なくとも四〇〇校以上で日本語が授業科目に加えられていた。多くの朝鮮人は、日本式の学校教育に疑心を抱き、普通学校（小学校）に子弟を通わせることをためらった。そのため、統監府は、既設の私立学校にも届出を義務化しながら教育内容を統制し、他方で儒学による教育組織を維持して儒者たちによる郷校や書堂はそのままにした。

一進会は光武学校卒業レベルの進学先として「漢城中学校」を設立した。また、平壌《ピョンヤン》、海州《ヘジュ》、咸興《ハムフン》、義州《ウィジュ》に一〇〇名を超える規模の学校を設立し、他の地方にも都市規模に見合った学校を設立した。

保護国期には、全国的に画一的な教育は普及しなかった。儒者、一般の朝鮮人、一進会など日本の統治に期待する都市の人々は、それぞれの考えに従って子弟の教育機関を選んだからだ。

一九〇八年、伊藤博文は桂太郎首相と連携して東洋拓殖《とうようたくしょく》会社を設立する。東洋拓殖会社は、朝鮮の土地開発を目的とした中央銀行と勧業銀行をセットにしたようなもので、伊藤が構想した。伊藤之雄によると、伊藤は大韓帝国政府の存立を前提とし、出資者や役員に日韓両国の人を入れることで、朝鮮人の自発的な協力を引き出し、朝鮮人の利益を増進して統治コストを抑えようと考えたという。しかし、日本政府案は大韓帝国政府や朝鮮人のその後についてまでは視野に入れておらず、伊藤も桂との連携を重視し反対しなかった。

また、伊藤は第三次日韓協約締結直後から、大韓帝国の中央銀行創設を考えていた。これについては、「統治上に支障をきたす恐れがある」と反対した桂首相が折れるかたちで、伊藤が推進する設立案に賛同した。

一九〇九年一〇月二九日、大韓帝国の中央銀行として韓国銀行が設立される。これに先立つ七月、伊藤は統監辞任の挨拶で訪韓した際、自筆の「定礎」を刻んだ銅板を据え付けた。のちに朝鮮銀行と改称されるこの建物は、日本銀行本店や東京駅丸の内駅舎と同じく辰野《たつの》金《きん》吾《ご》が設計し、一九一二年一月に完成。現在もソウル明洞《ミョンドン》近くの韓国銀行貨幣博物館として残っている。

統監府によるこうした大韓帝国への施策が大きな問題なく進んだことから、一進会との提携の意味は弱まった。また、当初は一進会と提携を進め宋秉畯の入閣も実現させた李完用だったが、名門両班出身の李完用が目指す両班主導の政治と、出自が低く旧来の両班秩序の解体を目指す宋秉畯の蜜月《みつげつ》は長くは続かなかった。一九〇八年六月には、一進会会員の地方官吏（観察使）の多くが更迭されている。

純宗の巡幸

伊藤博文統監は、朝鮮人の民心を懐柔《かいじゅう》し日本の朝鮮統治を正当化する目的で、大韓帝国皇室の利用も考えた。

一九〇七年八月二七日に皇帝に即位した純宗は、一〇月三日に宗廟《チョンミョ》へ初めて行幸した。軍服を着て馬車に乗った純宗に、各官私立学校学徒たちが国旗と校旗を持って敬礼し、民衆は国旗を掲揚して敬意を表した。この行幸は、皇帝が断髪軍服、馬車乗車で民衆の前に現れた最初のケースだった。

一一月一三日には、皇帝・皇后・皇太子が徳寿宮《トクスグン》（慶運宮《キョンウングン》から改称）から昌徳宮《チャンドックン》へ行幸したが、このとき初めて、皇帝と皇后が同じ馬車に乗った。馬車には簾《すだれ》が掛けられず、断髪し軍服を着た皇帝と付き添う皇后の姿を垣間見ることができた。純宗の行幸は、高宗の時代とは比較にならないほど数多く行われることになる。

一九〇九年一月、伊藤統監は純宗皇帝の南北巡幸を断行する。朝鮮王朝成立以来初めてのことである。この計画については、韓国併合を時期尚早と考える伊藤が、朝鮮人が日本統治を信頼し、統監府が進める自治育成策に協力することを期待して行われ、韓国併合世論の高揚を鎮めるため、伊藤が唐突に思いついたものだったともされる。

一月二日に伊藤が総理大臣李完用を招いて、明治天皇が日本各地を巡幸した例を挙げ、純宗の巡幸を提案し自身の陪従《ばいじゅう》も告げた。南北巡幸は朝鮮半島では旅行に適さない極寒の一月、二月に行われるが、決定と実行に一週間の猶予もなかった。そのため、小松緑の回顧によると、統監の随行員のなかには、「時あたかも、正月三日の休暇日だったので、寵妓《ちょうぎ》を擁《よう》して、使者が捜索できない方面に隠れていたために、随行から洩《も》れた者が二人ばかりあった」という有り様だった。

純宗の南北巡幸は、一月七日から一三日にかけて、まず大邱《テグ》、釜山《プサン》、馬山《マサン》などへの南巡が行われた。多くの民衆が断髪した純宗の姿を見て、また純宗の勅諭と伊藤統監の訓戒も得て断髪する者も多かったという。この南巡で純宗のみならず朝鮮民衆が日本を信頼していることが感じられ、伊藤は満足した。ただ、実際には巡幸への民衆の心理は複雑だった。李完用が内閣更迭を回避するために実行したという風説や、純宗を日本に連れ去るためといった流言もあった。

一月二七日から二月三日は、平壌、新義州、義州、開城《ケソン》などへの北巡を行った。この北巡

純宗の南北巡幸　1909年１～２月に大韓帝国の各地を回った．純宗（前列中央）に伊藤博文統監（前列右）が付き添った

では、漢城から平壌、義州へ行く際、太極旗《テグキ》と日章旗を交叉《こうさ》掲揚《けいよう》するよう地方官から訓令があった。だが、一部の私立学校では日章旗の掲揚を拒否し、太極旗だけを掲げた。

平壌をはじめとした黄海道は、大韓帝国初期からキリスト教系の学校や教会で忠君愛国の精神を養っていたため、この頃には統監府の統治と対峙《たいじ》するようになっていた。純宗の南北巡幸は、日本の手による「文明化」された皇帝の姿を人々に示すことになった。そのため、「忠君愛国」の考えでは統監府の統治を否定できず、「忠君」と「愛国」が分離するきっかけともなった。

北巡でこうした民衆の抗日運動を目の当たりにし、伊藤は統監辞任を考えるようになる。

義兵運動の広がりと弾圧

高宗が退位し、純宗が皇帝に就き、日本の統制が強まるなか、義兵運動は広がりを見せていた。

第三次日韓協約締結後の一九〇七年七月、軍隊解散の詔勅が出されると、漢城の侍衛隊をはじめ九月初めに各地から数千名の兵士が活動を行い、日本軍との戦闘を経ながら、一二月初め京畿道《キョンギド》北部楊州《ヤンジュ》に一万名ほどの義兵部隊が集まった。彼らは一三道倡義軍《シプサムドチャンイグン》《じゅうさんどうしょうぎぐん》と呼ばれるが、一九〇八年初めには漢城に侵攻し統監府を撃破する作戦を実行する。だが日本軍の反撃で失敗すると解散し、各地に散って活動を行った。

他方で、朝鮮半島北部の関北《カンブク》地方（咸鏡南北道《ハムギョンナムブクド》、両江道《リャンガンド》）の義兵は、一九〇七年後半から〇八年末まで続いた。特に、一九〇七年一一月に蜂起した山砲手《さんぽうしゅ》義兵は、一九〇八年九月まで咸鏡南道《ハムギョンナムド》のほぼ全域で活動し、日本軍と戦闘を展開した。

山砲手とは狩猟を生業《なりわい》とする者のことである。この地域には多かった。一九〇七年九月に統監府の要求によって出された「銃砲及火薬類団束法」に基づく武器類の押収に、彼らは反発し、銃器の差し押さえに遭うと義兵に転身した。

彼らに対しては一進会員が対抗した。一進会員だった咸鏡南道延豊面《ハムギョンナムドヨンプンミョン》の面長は、住民たちに断髪を強要、市場税・祝典費などを強制徴収し、銃器回収の役割も担った。その結果、山砲手義兵は日本軍だけではなく一進会員とも戦った。朝鮮半島南西部の全羅南道《チョルラナムド》羅州《ナジュ》では、一進会が、村落の偵察諜報《ちょうほう》のために自衛団の組織を主導し、反発した義兵が自衛団長を銃殺する事件も起きている。

義兵たち，1907年

関北地方の義兵運動には、多数の儒者が賛同したため、同じく儒者が多かった大韓協会の鏡城《キョンソン》支部と協力関係を結んだ。大韓協会は愛国啓蒙運動を担う団体として、国家の富強のための教育と産業の育成を目標とし、日本による文明化の使命を一定程度受け入れていたため、抗日義兵運動には批判的だった。大韓協会は義兵をむしろ国家の自強独立を妨害する運動と解釈していた。

しかし、関北地方の大韓協会鏡城支部は、義兵たちと通じ住民にも抗日民族意識を醸成させ、地域全体で抗日路線を標榜した。大韓協会鏡城支部の幹部は義兵運動に与《くみ》して、軍資金や軍糧米を集めたり、弾薬の購入などを担ったりした。同じ団体であっても、地域によってその内実が異なる事例である。

朝鮮半島南部でも義兵活動は行われた。元侍衛隊や元鎮衛隊の兵士らが加わった義兵によって日本人の事業が大打撃を受けた全羅道では、一九〇九年に臨時派遣隊である歩兵二個連隊が配置され、日本の威信回復と日本人事業の勃興・促進のため、二ヵ月にわたる義兵に対する「南韓大討伐作戦」が行われた。結果、四〇四名を殺害、一四八九名を捕らえ、一五一九名を自首させている。朝鮮人の記録（『梅泉野録』）では、このときの死者は数千人ともある。

多様な抵抗と限界

大韓帝国内では、日本による保護国化、統制が徐々に強まっていったが、知識人から民衆まで朝鮮人のあいだには、さまざまな理解とそれに基づく行動があった。大韓帝国の国家の存立が危うくなる一方、朝鮮人の理念と活動は、一進会、多様な愛国啓蒙運動、そして義兵と多元的で、一丸となって皇帝を支えることが難しかった。

皇帝、政府、一進会、愛国啓蒙運動、義兵……。大韓帝国では国家形成についてさまざまな議論があり、それぞれが描く国家観には相違があった。日本の植民地支配によって、こうした違いについての議論は保留され、一九四五年八月まで持ち越されることになる。

解放後、朝鮮人は主体的に建国を目指そうとするが、内部で目指す国家の方向性が定まらず、米ソなど外国勢力の強い影響を受けることになる。

3　韓国併合条約の締結——皇帝から「李王」へ

伊藤博文統監の辞職

一九〇五年一二月二一日に統監に任命された伊藤博文は、〇八年末から統監辞任をほのめかすようになる。

純宗の南北巡幸に付き従った伊藤は、日章旗掲揚拒否、伊藤暗殺計画の風説、民衆の抵抗を目の当たりにした。伊藤にしてみれば、文明化の使命を持って、朝鮮民衆のためにと思い行った統監府の統治が、彼らに受け入れられていないことを知ったのである。

南北巡幸を終えた伊藤は、一九〇九年二月一〇日に漢城を出発、一七日に大磯《おおいそ》の本邸に戻り、三月頃には統監辞任の意向を固めた。

四月一〇日、桂太郎首相と小村寿太郎外相は、休養先の道後《どうご》温泉から帰京した伊藤を訪問し、韓国併合案を示した。このとき伊藤は同意する。桂首相と小村外相は、伊藤が韓国併合に反論すると予想していたため、伊藤が同意したことを意外と感じたほどだった。

伊藤は、自身が目指す統監府による大韓帝国の保護国化は、朝鮮人のための政策で、朝鮮人から感謝されるべきものと考えていた。だが、収束しない各地の義兵運動や、民衆の抗日行動から、併合やむなしとの考えに変わったと見られる。そうした保護国統治の頓挫から伊藤は韓国併合案を容認し、それを受けて日本政府は韓国併合の方針を決定、本格的な手続きに動き出していく。

五月二五日、伊藤は桂首相を通して天皇に統監職の辞表を提出した。天皇は、一度はこれを却下したものの、六月一一日に伊藤が再度辞表を提出すると、一四日付でこれを認め、枢密院議長に任じた。

韓国併合方針の閣議決定

一九〇九年六月一四日、伊藤博文の後任の統監には副統監だった曽禰荒助《そねあらすけ》が昇格した。これは伊藤の希望だった。

七月六日に「韓国併合に関する件」が閣議決定し、同日裁可された。この結果、日本の大韓帝国の併合が正式に政府方針となった。その前文には次のようにあった。

大韓帝国における日本勢力は、いまだ十分に充実するにいたっておらず、同国官民の日本に対する関係もまたいまだまったく満足できないので、日本帝国は今後ますます大韓帝国における実力を増進し、その根底を深くし、内外に対して明白な勢力を樹立することに努める必要がある。

当時の日本政府の韓国併合の考えを理解するうえで重要である。

日本政府は、統監府の統治が不十分であることと、朝鮮民衆の日本統治への不満を把握している。そのうえで大韓帝国の国力を増進させるために併合する。統監府の政治の失敗をもって大韓帝国より退くのではなく、統監政治の失敗をもって併合を実行するというのである。大韓帝国の立場、統治される朝鮮人の立場からは、到底受け入れることが難しい考えだ。

ただし、日本政府はこの閣議決定からすぐに併合へ動いたわけではなかった。

伊藤博文暗殺

閣議決定から三ヵ月後、伊藤博文が暗殺される。

統監を離れた伊藤だったが、満洲と朝鮮の国境地帯にある間島《かんとう》の領土問題について、以前から強い関心を持ち、解決を図りたいと考えていた。

間島には、古くから朝鮮人が商用などで往来し、居住もしていた。一九〇七年七月に日本の間島進出が始まると一進会員もそれに加わった。一進会はかねてから間島への進出も熱望していた。

清はこの地が同国の領土であり、間島における朝鮮人の保護は清の地方官の任務と抗議し、それは米・独・露などから支持されつつあった。一九〇九年九月に欧米列強の干渉を招くことなく、日清間で間島に関する協約が結ばれたが、ロシアはこうした日本の動きを規制しようと動き出す。そのため伊藤はロシアと協議をするために満洲のハルビンに赴いていた。

一〇月二六日朝九時、ロシア蔵相ココフツォフと列車内で会談を行った直後、伊藤はハルビン駅でピストルによる弾丸二発を腹部に受け、一五分後に死去した。射殺したのは、朝鮮人独立運動家の安重根《アンジュングン》だった。

一進会による「日韓合邦声明書」

韓国併合が日本政府方針となったものの、大韓帝国内では義兵をはじめ抵抗が強く、併合の機運は高まっていなかった。そうした状況のなか、内田良平《うちだりょうへい》らは、日本政府とも連絡をとりながら、親日的な言論活動を行っている一進会に併合を願い出させる方針を打ち出す。内田良平はアジア主義団体である黒龍会《こくりゅうかい》の主幹、統監府嘱託かつ一進会の顧問でもあった。

一進会は親日的ではあったが、日本との距離について内部で意見の違いがあり、特に李容九と宋秉畯で意見の対立が起きていた。

李容九は、当時のオーストリア・ハンガリー二重帝国の例を念頭に「政治的合邦《がっぽう》国家」(政合邦)を構想し、大韓帝国皇帝を王として存続し、自律した内政を希望していた。日本の天皇と韓国の王という異なる君主が「合邦国家」で、ともに統治を行うことを意味する。

李容九の構想は、冊封体制における中国皇帝と朝鮮国王の関係から理解することもできるだろう。

他方、宋秉畯は、韓国皇帝の統治権を天皇に譲渡することを考えていた。宋秉畯は日韓合邦こそが大韓帝国を救うと考えていた。一九〇九年一月から二月の純宗の南北巡幸に随従した彼は、朝鮮民衆の排日的行動に接し、併合に踏み切らない伊藤統監の政策に不満を持ち泥酔・不敬事件も起こしていた。北巡から戻るとすぐに辞表を提出し、伊藤の慰撫《いぶ》も受け入れず東京に赴いていた。東京では桂首相と面会し、一億円もあれば立派に合邦を実行できる、私がそれを請け負うと話したとされる。

結局、内田良平が日本政府案に沿った韓国併合について李容九を説得する。李容九の容認後、合邦形態を明記しないまま黒龍会系人士が「日韓合邦声明書」の文案を作り、桂首相の了承を得て、最終的には黒龍会の武田範之《たけだはんし》が一一月中旬に合邦声明書を書き上げた。

一九〇九年一二月四日、「一進会長李容九、同一百万人」の名で「上疏文」を純宗に、「長書」を内閣・統監府に出し、機関新聞『国民新報』の号外とした。その内容は翌日も掲載された。次のとおりである。

我が皇室の万歳尊崇《そんすう》の基礎を鞏固《きょうこ》にし、我が人民をして一等待遇の福利を享有《きょうゆう》させ、政府と社会とを益々《ますます》発展させることを主唱し、一大政治機関を成立させる。これが、我が韓の保護劣等にある羞恥《しゅうち》を解脱《げだつ》し、同等政治となる権利を獲得する法律上の政合邦という一問題である。

（『国民新報』一九〇九年一二月五日）

日本政府は逡巡《しゅんじゅん》の末に一進会の声明書を受理した。しかし、一進会の声明書を利用してすぐに併合に動く考えはなかった。このあたりの日本政府側の心情はよくわからない。一進会の合邦声明書は、韓国併合の促進に寄与したという積極的意味は持たなかった。

松井茂《まついしげる》統監府内務警部局長の曽禰統監への報告には、日韓合邦声明書に対して朝鮮各地で一進会への憎悪、それに伴う排日思想は見られても、各地では何ら不穏の状況はなく、一般に冷淡視している状況とある。純宗の南北巡幸でも、「中流以上」の階層には反応がよかったが、それ以下の朝鮮人には反応がないことを統監府は認識していた。一進会の合邦声明書に対するその他の団体、義兵、儒者などの抗議はあったが、無関心な朝鮮人が多かったようだ。

ここでの一進会は、朝鮮人近代エリート層と日本のアジア主義者が結びついたものだった。だが、それは日本政府や統監府の思惑と必ずしも一致していなかった。その結果、日本政府は一進会の扱いに苦慮するようになり、韓国併合後には他の団体と同様に解散させることになる。

韓国併合へ

第二代統監の曽禰荒助は、一九一〇年一月に胃がんのため帰国して任を解かれ、四月五日に寺内正毅陸相が統監の内議を受け、五月三〇日に任命された。六月三日には、「併合後の韓国に対する施政方針決定の件」が閣議決定され、併合後の朝鮮では、当分の間は憲法を施行せず天皇大権によって統治することなどが決まる。

七月二三日、寺内統監は仁川《インチョン》に入港し、二五日、純宗皇帝と高宗太皇帝に謁見した。この寺内統監の赴任によって、韓国併合条約の調印が進むことになる。

八月一六日、寺内統監は総理大臣李完用を招いて、韓国併合方針の覚書を提示し、日韓双方による合意の意思を明記する条約形式を提案した。

内容は、日本政府が大韓帝国皇室を永久に支え、民衆の福利を保護するために両国が一つになり韓国の統治機関を統一する、そのために大韓帝国皇帝が時運の趨勢《すうせい》から自ら進んで統治権を天皇陛下に譲与し、その位を去るというものだった。

これに対して李完用は、「この機において希望する所」として、国号には「韓国」を残し、皇帝には「王」の尊称を与えることを願い出ている。その理由は、主権のない国家・王室としては単に形式に過ぎないことはわかっているけれども、かつて「清国に隷属」していた時代でも、国王の称号はあったので、人心を緩和する一方便ともなり、いわゆる和衷協同の精神にもかなうからだと述べている。

　李完用は、韓国が「清国に隷属」していた時代、つまり中華世界の時代の話までを持ち出して、朝鮮民衆の反発を防ぐためにも、国号と王号の尊称は残してほしいと懇願している。李完用は、純宗が自ら位を退く意を漏らしたと聞くと、数千年来の社稷《サジク》《しゃしょく》を断絶する大事を言い出すことが忍びなく涙を流すほどだった。

　韓国王室の待遇については重要案件だったため、八月一六日夜、李完用は農商工部大臣趙《チョ》重応《ジュンウン》を寺内統監のもとに遣わして、国号だけは保存し、純宗を「昌徳宮《チャンドックン》李王殿下」、高宗を「徳寿宮《トクスグン》李太王殿下」、皇太子を「王世子殿下」と称する希望を述べさせ、皇室および元老らの意向を緩和するためにも是非承認してほしいと再度、懇談した。さらに、度支部大臣高永喜《コヨンヒ》を日本へ派遣し、桂首相にも同様の懇願をしている。

　八月一八日、日本政府から国号と王称について裁可の通知を得た寺内統監は、「合意的条約」になるよう、李完用首相に閣議のとりまとめを促した。加えて、純宗皇帝が内閣総理大臣を条約締結の全権委員に任命する手順を正式と考え、その勅命案を李完用首相に提示した。しかし、閣議では韓国併合条約締結について結論に達しなかった。内務大臣朴斉純や度支部大臣高永喜は条約案受諾やむなしという態度だったが、学部大臣李容植《イヨンシク》は反対し、宮内府大臣閔丙奭《ミンビョンソク》や侍従院卿尹徳栄《ユンドギョン》の態度が曖昧だったからだ。

そのため寺内統監は、宮内府大臣閔丙奭と侍従院卿尹徳栄を招いて、純宗に全権委員を任命させるよう説得した。純宗は、大勢がすでに定まっている以上は速やかに実行すべき旨を伝え、御前会議を開催。純宗は、先の勅命案とほとんど同じ文言である「韓国の統治を挙げて、これを朕が最も信頼する大日本国皇帝陛下に譲与することを決したり」と記した全権委任状に国璽を捺した。韓国併合条約調印以前に、条約締結権者である純宗が、日本への併合を裁可したのである。

寺内正毅（1852～1919）

その後、統監官邸で、純宗から全権委任の詔書を下された総理大臣李完用と農商工部大臣趙重応、寺内統監と山県《やまがた》伊三郎《いさぶろう》副統監のあいだで、韓国併合条約は調印された。こうして一九一〇年八月二二日に結ばれた韓国併合条約は次の内容である。

> 韓国併合に関する条約
>
> 日本国皇帝陛下および韓国皇帝陛下は、両国間の特殊にして親密なる関係を顧《おも》い、相互の幸福を増進し、東洋の

平和を永久に確保せんことを欲し、この目的を達せんがためには、韓国を日本帝国に併合するに如《し》かざることを確信し、ここに両国間に併合条約を締結することに決し、これがため日本国皇帝陛下は統監子爵寺内正毅を、韓国皇帝陛下は内閣総理大臣李完用を、各その全権委員に任命せり。よって右全権委員は合同協議の上、左の諸条を協定せり。

第一条　韓国皇帝陛下は、韓国全部に関する一切の統治権を、完全かつ永久に日本国皇帝陛下に譲与す。

第二条　日本国皇帝陛下は、前条に掲げたる譲与を受諾し、かつ全然韓国を日本帝国に併合することを承諾す。

第三条　日本国皇帝陛下は、韓国皇帝陛下、太皇帝陛下、皇太子殿下ならびにその后妃および後裔に、各その地位に応じ相当なる尊称・威厳および名誉を享有せしめ、かつこれを保持するに十分なる歳費を供給すべきことを約す。

第四条　日本国皇帝陛下は、前条以外の韓国皇族およびその後裔に対し、各相当の名誉および待遇を享有せしめ、かつこれを維持するに必要なる資金を供与することを約す。

第五条　日本国皇帝陛下は、勲功ある韓人にして、特に表彰を為すを適当なりと認めたる者に対し、栄爵を授け、かつ恩金を与うべし。

第六条　日本国政府は、前記併合の結果として、全然韓国の施設を担任し、同地に施行する法規を遵守する韓人の身体および財産に対し、十分なる保護を与え、かつその福利の増進を図るべし。

第七条　日本国政府は、誠意忠実に新制度を尊重する韓人にして、相当の資格ある者を事情の許す限り、韓国における帝国官吏に登用すべし。

第八条　本条約は日本国皇帝陛下および韓国皇帝陛下の裁可を経たるものにして、公布の日よりこれを施行す。

右証拠として、両全権委員は本条約に記名調印するものなり。

明治四三年八月二二日　統監子爵　寺内正毅

隆熙四年八月二二日　内閣総理大臣　李完用

八月二五日に朝鮮駐在の各国領事へ韓国併合条約は通告され、二九日に公布された。大韓帝国と各国との間で結ばれた条約は消滅した。このときに各国が大韓帝国に持っていた法権と税権も無効になるが、日本外務省は各国が大韓帝国で持つ商業上の利益はしばらくそのままにした。各国の抗議を和らげ、経済的権益を放棄してでも政治上の目的である併合を優先したからだ。

天皇による純宗の冊封

韓国併合条約の調印の過程では、先に少し触れたが、国号と王の尊称の存続についての問題があった。国号は、「朝鮮」にすぐに決まったが、大韓帝国皇族への待遇問題が残った。

伊藤博文の統監就任とともに大韓帝国に赴任した外務省の小松緑の記録によれば、交渉の下準備は李人植《イインシク》が担った。李人植は朴直《ぼくちょく》で学才もあり李完用の秘書役を務めていた。

この李人植が王室の待遇について小松と密談している。このとき小松は、韓国併合はフランスによるマダガスカル、アメリカによるハワイの併合時のように国王を虐待するものではないと述べている。マダガスカル国王は孤島に流され、ハワイ国王は市民にされたが、純宗は併合後も日本皇族の待遇を受けられ、いまと変わらぬ歳費を給せられると伝えたという。

保護国期、ハワイに在留する朝鮮人が国権回復運動を繰り広げ、彼らが中心になって発刊した『新韓国報』は、治安を妨害するとして統監府にたびたび押収されていた。そうした状況から、当時の朝鮮人エリート層はハワイについてある程度の情報を得ていたと思われる。そのため李完用に限らず、当時の大韓帝国の行方をアメリカのハワイ併合に重ね、大韓帝国皇室の行く末を案じていた朝鮮人は少なくなかっただろう。

日本はこうした朝鮮人の意向も汲み入れた。韓国併合条約第三条で尊称や待遇を約束したのだ。ただし、日本の皇族に大韓帝国の皇族を入れることはできず、代わりに「王公族」という身分を創出し彼らを処遇する。

そして純宗は「李王」として天皇により冊封される。新城道彦によると、「李王」としたのは、「王」だけの場合、天皇とは別に朝鮮の統治者が存在するかのように思われ、将来の禍根となるのを防ぐためだった。

かつて琉球を統合（琉球処分）した際には、琉球の清と日本への両属が問題となった。結果、一八七二年に天皇が琉球国王を冊封、つまり爵位を与え、その七年後に琉球藩を廃して沖縄県を設置した。他方で、韓国併合では併合したのちに天皇が大韓帝国皇帝を冊封した。こうした違いは、東アジアでの中華世界や中国の地位の変化をよく表している。

一九一〇年八月二九日、寺内正毅統監、渡邉《わたなべ》千秋《ちあき》宮相と桂太郎首相らの協議を経て、「前韓国皇帝を冊《さく》して王と為すの詔書」を出している。それは前韓国皇帝を冊封して「昌徳宮李王」と称し、以後これを世襲してその宗祀《そうし》を奉ぜさせるという内容だった。加えて、皇太子および将来の世嗣《せいし》を王世子とし、高宗である太皇帝を太王として「徳寿宮李太王」と称し、各その妻を王妃、太王妃、または王世子妃とした。ならびに皇族の礼で待遇し、殿下の敬称を用いることになった。

つまり、天皇に冊封されて、純宗は昌徳宮李王殿下、高宗は徳寿宮李太王殿下と称することになった。また、八月二九日、昌徳宮李王となった純宗は次のような勅諭を出した。

ここに韓国の統治権を従前より親信依仰《しんしんいぎょう》する隣国大日本皇帝陛下に譲与し、外は東洋の平和を強固にし、内は八域〔半島〕の民生を保全しようとしている。ただ爾《なんじ》、大小臣民は、国勢と事宜《じぎ》を深察し、煩擾《はんじょう》することなく、おのおのその業に安んじ、日本帝国の文明の新政に服従し幸福を享受せよ。

（『純宗実録』一九一〇年八月二九日）

純宗は、韓国併合を東洋の平和、民生の保全のためと説明する。

歴史上、長く朝鮮国王は中国皇帝に冊封されてきた。しかし、原則としてその内政外交に干渉されることはなく、「自主」が保たれた。朝鮮王朝最後の国王高宗は、明朝中華を慕い、朝鮮で初めての皇帝に即位した。しかし、高宗皇帝は日本に譲位を迫られ、新たに即位した純宗皇帝は、ついに大日本帝国の天皇に冊封されて「李王」となり、統治権を譲与する。

中華世界とは異なり、「自主」すらも与えられない帝国主義世界で、日本による植民地統治が創《はじ》まるのである。

終章　韓国併合をめぐる論争——歴史学と国際法

序章で記したように、東アジア、とりわけ韓国をめぐる歴史は、史実だけでなく、史実がどのように認識・解釈され、記憶されてきたかが重要になっている。その齟齬《そご》が歴史認識問題として噴出する。この章では一九九〇年代から約三〇年間にわたり、韓国併合についてどのような対立や議論が行われてきたかを見ていくことから韓国併合をあらためて考えたい。

一九九〇年代以降としたのは、以下の三つの理由による。

第一に、韓国で言論の自由が大きく認められたからである。韓国は民主化運動の結果、一九八七年に民主化し、経済発展した姿を世界に誇示する。韓国ではそれ以前と以後とで社会の雰囲気が劇的に変わる。とりわけ一九九〇年代以降、多くの韓国人が植民地支配に対する考えや思いを率直に発言できるようになり、それが直接日本に届くようになった。それに伴い、日本人の韓国に対するイメージや関心も、政治家や軍事独裁から、一般の韓国人の日常生活へと広がった。もちろん、これには冷戦体制の崩壊という国際関係の変化も影響している。韓国現代史研究者の木宮正史は、一九九〇年くらいを境にして、日韓関係は「非対称から対称へ」と変わったと指摘する。

第二に、植民地支配下の被害者たちが高齢となり、生きている間に無念を晴らそうとマスメディアの前に出たことである。マスメディアを通して、韓国併合に関する一般の人々の関心が高まった。たとえば、一九九一年に元慰安婦の金学順《キムハクスン》さんが自らの過去を公に証言したことをきっかけに、慰安婦は史実としてだけでなく、慰安婦問題として大きく取り上げられるようになった。こうした背景には、韓国社会で民主化運動と軌を一にして発展してきた女性運動団体の存在がある。

第三に、韓国併合についての研究が深まり、研究者が多く育ったことである。

韓国では、韓国史研究者である李泰鎮《イテジン》が、一九八八年から九二年にソウル大学校奎章閣《キュジャンカク》《けいしょうかく》図書管理室長（現奎章閣韓国学研究院長）に就く。奎章閣とは朝鮮王朝時代に国王の文書や王室の族譜を保管するとともに、学問研究の機関だった。李泰鎮は、奎章閣に保存されている第二次日韓協約に批准書がないこと、保護国期に統監府が国璽《こくじ》を奪い、純宗《スンジョン》の御名字の親署を偽造したとするなどの史料を多数発見する。こうしたことをきっかけに、韓国の学者が日本と大韓帝国間の諸条約について、無効論を国内外で発表し、韓国併合をめぐる議論を大きく浮上させた。

他方、日本でも近代日朝関係を研究する海野福寿が、この頃から韓国併合に関する著作の刊行を精力的に始める。二〇〇一年以降は、両政府主導の日韓歴史共同研究も始まり、日韓のあいだで学術的な議論が活発になっていく。

「もはや無効」の現在

本書で見てきたように、日本と大韓帝国が韓国併合にいたる過程で結んだ条約や取り決めは、必ずしも両国が円満に合意したものではない。日本は強引に事を進めたが、国際社会から批判を受けないように正当性を重視した外交を行った。他方、大韓帝国は条約体制への理解が遅れ、史料や記録の在り方も異なるものの、韓国併合に賛同していなかったことは抽出できる。しかし、日本と大韓帝国の関係は、政治的・経済的に日本が優位であり、大韓帝国の意見を押さえつけることが可能だった。

第二次世界大戦後、二〇年近くを経た一九六五年六月二二日、国交を正常化する日韓基本条約が結ばれた。当時の日本と韓国の状況も日本が圧倒的に優位にあった。また、両国の背後には社会主義と対峙する自由主義陣営を束ねるアメリカもいた。

このとき結ばれた日韓基本条約第二条には、「旧条約の効力」について、次のように記されている。

一九一〇年八月二二日以前に大日本帝国と大韓帝国との間で締結されたすべての条約および協定は、もはや無効であることが確認される。

保護条約とも呼ばれる第二次日韓協約をはじめ、韓国併合にいたる過程で両国間で結ばれたすべての旧条約・協定について、両国でわだかまりがあった。しかし、それらを議論・清算すべき国交正常化のための条約が、これらの旧条約・協定を「もはや無効」とし、議論を避けたのだ。「もはや無効（already null and void）」という玉虫色の表現によって、韓国は「一九一〇年の韓国併合条約はもとより、それ以前の一九〇五年の第二次日韓協約（乙巳保護条約）も無効」、日本は「併合条約は韓国の独立宣言（一九四八年）のときから無効」というそれぞれの解釈をした。こうした解釈の相違がいまにいたっている。韓国併合について歴史教科書の記述が両国で異なるのも仕方がない。なお、この条約には植民地支配に対する日本の謝罪や反省は記されていない。

植民地の請求権問題

さらに、同日締結された日韓請求権協定第二条「財産・請求権一問題の解決」には次のように記されている。

両締約国は、両締約国およびその国民（法人を含む。）の財産、権利および利益並びに両締約国およびその国民の間の請求権に関する問題が、一九五一年九月八日にサン・フランシスコ市で署名された日本国との平和条約第四条(a)に規定されたものを含めて、完全かつ最終的に解決されたこととなることを確認する。

「財産・請求権」を韓国の被害者、債権者が個別に受け取れる可能性も議論されたが、当時の朴正熙《パクチョンヒ》政権は、それを個人に分配するのではなく政府が一括して受け取り、経済発展などで成果が上がり豊かになったのち、個人に分配すると主張した。

朴正熙は、軍事クーデターによって政権を獲得した日本陸軍士官学校出身の軍人で、権威主義体制を布《し》いていた。何より反共産主義を掲げ、当時、北朝鮮が軍事的・経済的に優位にあるなか、韓国が体制で優位に立つことを最重要課題としていた。そのため日本の協力による経済発展が必要だった。

「財産・請求権」について日本では、韓国の独立を祝賀する「経済協力金」だと国会で説明した。韓国国内では「対日請求権」とし、日本の植民地支配に起因するものと説明した。他方、条約交渉過程で池田勇人《いけだはやと》政権は、冷戦体制に巻き込まれたくないという国内世論を考慮しながら経済的利益を求め、経済面での日韓協力を重視した。これは、朴正熙政権の意図とも合致した。

木宮正史によれば、一九六五年以降の日韓関係は、日本と韓国の非対称な関係を前提に、経済的な結びつきを重視したものだった。繰り返しになるが、当時は日韓の接触は政財界に限られ、一般人の交流・往来は制限されていたからこそ可能だった。

しかし、二〇一八年一〇月の元徴用工問題に関わる韓国大法院（最高裁判所に相当）は、植民地支配不法論に基づいて、被告である日本企業に対する慰謝料請求権を認めた。現在の韓国は、大韓帝国の併合に向かう一連の諸条約の無効を主張している。不成立の条約によって日本は朝鮮を植民地支配したのだから、「強占」（強制占領）という表現を使う。一方、日本は、合法で形式的には合意して成立した「統治」だったとする。

一九九〇年代に噴出した慰安婦問題も、本来であれば日韓国交正常化交渉時に解決しておくべき問題だった。だが性的なデリケートな問題であり、一九六五年当時は慰安婦だった女性は三〇代、四〇代と、過去を公にしたくない思いは想像に難くない。また、権力を持つ男性の女性への扱いは男女同権とは認識されていない時代であり、「問題」と認識されることすら難しかった。

日本政府は、河野洋平《こうのようへい》内閣官房長官による「談話（おわびと反省）」（一九九三年）やアジア女性基金の設置（一九九五年）を通して真摯《しんし》に対応し、それでもなおこじれる日韓関係の改善を試みた。

日韓国交正常化五〇周年にあたる二〇一五年一二月二八日に行われた「慰安婦合意」と呼ばれる日韓外相の合意は、画期的な政治決着になるはずだった。しかし、その合意文にある慰安婦問題の「最終的かつ不可逆的な解決」は、それから五年以上を経てもなお厳しい状況にある。韓国では元慰安婦や国民の意見を反映しなかった慰安婦合意は、韓国国民からの支持が得られなかったからだ。

民主化以後の韓国では、国民の合意が得られない国家間の取り決めは意味を持たない。そして、韓国の国民が持つ歴史認識は道徳に価値が置かれている。韓国の場合は「歴史（認識）とはこうあるべき」という道徳的価値観から史実を見ていると言える。韓国史は「우리《ウリ》 역사《ヨクサ》」（われわれの歴史）と呼ばれる韓国人の歴史なのである。

一方、日本は歴史には複数の見方があるとの前提で、自国史も客観的に、淡々と史実を教えようとする。両国の歴史教育には明らかに距離がある。

以下、研究者の間で論争となっている問題をそれぞれ見ていこう。

なお、本章では韓国併合の合法・不法論争が最も白熱した二〇〇〇年前後の議論を中心にする。

日韓議定書——日露戦争下の合意

植民地化への最初の条約に位置づけられるのが日韓議定書である。日露戦争勃発直後、大韓帝国の独立、領土保全、王室の保障の代わりに、日本軍の領土内の行動の自由と、必要な土地の収用を認めさせたものだ。

第5章で見たように、日露開戦直後一九〇四年二月二三日に締結されたが、一月二〇日までに、日本政府と外部大臣李址鎔《イジヨン》らとの間で、日韓軍事攻守同盟の要素を持つ日韓密約としてまとまる。最終段階で日本外務省が「日韓議定書」と名付け、高宗《コジョン》からの委任を記さず、外部大臣（外相）と林権助公使の記名による「議定書」（Protocol）とした。

歴史家の山辺健太郎は、当時ケンブリッジ大学の国際法教授だったローレンスの指摘を根拠に、日韓議定書によって大韓帝国は、実質的に日本の保護国になったと指摘する。第一条の「忠告」は、国際法上では「命令」と同意であり、この第一条によって大韓帝国は日本の支配下に入り、第四条で大韓帝国が日本の主権下に隷属《れいぞく》したことを示すと指摘する（『日韓併合小史』）。

海野福寿も、「保護国」について歴史学、国際法、外交用語の三点から見ても、日韓議定書によって国際法上、大韓帝国がおよそ日本の保護国になったと見ることもできると言う（『韓国併合』）。ただ海野は同時に、これは結果論であるとも言う。「日韓議定書」は日露戦争下の漢城《ハンソン》を軍事的に制圧したなかで、対等の立場で自由意思に基づいた交渉で合意にいったものではない。そのため日露戦争の戦況によっては合意の基礎が揺らぐ可能性があったと指摘する（『韓国併合史の研究』）。

他方で、李泰鎮は「形式と手続きで確認された欺瞞《ぎまん》、強制、犯法の瑕疵《かし》」が持つ国際法的問題点を一貫して主張する。そのなかで日韓議定書は、強力な軍事力による圧力下で、かつ反対する者は日本軍に捕らえられたなかで締結されたと指摘する（「一九〇四～一九一〇年、韓国国権侵奪条約の手続き上の不法性」）。

第一次日韓協約――財務・外務顧問を導入

日韓議定書は、日露の戦局によっては合意が確認できない可能性があった。しかし日露戦争が日本の優勢に進み、一九〇四年五月一八日、大韓帝国はロシアと結んでいた条約やロシア側に認めていた特権などをすべて廃棄した。こうした日露戦争の最中、一九〇四年八月二二日、日本政府が推薦する財務・外務顧問を導入し、外交については事前に日本政府と協議する第一次日韓協約が調印される。

第一次日韓協約は、日韓議定書のように「第〇条」などという記載ではなく、「一、」「二、」で始まる各項目を列挙したメモ形式である。和文の原本には題目はなく、英文には'Agreement'とある。

海野福寿は、日本は「日韓議定書」第六条でいう「未悉《みしつ》の細条」の「臨機協定」として第一次日韓協約を位置づけ、そのために条約形式を取らず、前文・末文とも省略した政府間の行政上の取り決め形式を選んだとする。林権助公使の報告によれば、この形式には外部大臣李夏栄《イハヨン》も同意したという。

一九〇四年八月二二日に、林権助公使は第一次日韓協約となる三項目の「覚書」持参して謁見し、高宗の「採納」を得た。採納は裁可ではなく、「受け入れる」「意見をとり用いる」といった意味だが、高宗は臨席した外部大臣李夏栄に命じて、参政や度支部大臣と協議後、外部大臣が林公使と「覚書」に記名調印するよう「内定」した、と林は報告している。つまり、閣議である議政府会議を経ずに、担当大臣間の合意のみで処理することを、高宗も認めたと理解した（『韓国併合史の研究』）。

これに対して李泰鎮は、「第一次日韓協約」と呼ばれるが、実際は「覚書」(memorandum)であり、略式条約が一般的に備える代表の資格に関する前文や末文がなく、大韓帝国側の朝鮮語原本もなく、条約の形式を取っていないと指摘する。

さらに、日本側はこの覚書の英語版を作成し、条約を意味する'Agreement'と表題を「偽装」したと言う。国際法では、覚書は約束の事項が当事国間の問題にとどまるが、条約は第三国との外交関係にも影響を及ぼす。日本政府は、第一次日韓協約を英・米に知らせるために'Agreement'にし、英・米はのちに第一次日韓協約を根拠に、桂・タフト協定、第二次日英同盟を締結すると述べる（「一九〇四〜一九一〇年、韓国国権侵奪条約の手続き上の不法性」）。

覚書は、いま触れたように国家間の合意を示す条約、国際的な約束とは区別される。一方の政府が相手国政府に当該問題についての見解を伝達する場合、会談・交渉の要旨を記述した外交文書の形式であり、表題や委任事項の記載がないのが通例である。

海野はこの李泰鎮の説に次のように反論する。まず、李泰鎮が想定するような条約形式の規則性が国際的に成立していたわけではない。正当な権限を有する両国代表者が記名調印している以上、条約の効力を否定することはできない（『外交史料　韓国併合』上「第一次日韓協約　解説」）。

加えて、一九〇四年八月二二日付で調印されたものは、一九日付で調印された覚書とは署名者が異なる別協定である点も指摘する。八月一二日の林権助公使の高宗皇帝への謁見による「採納」後、議政府会議で異論が多かったため、一九日に外部大臣李夏栄と度支部大臣朴《パク》定陽《チョンヤン》が財政・外交顧問についての第一項と第二項の覚書に記名調印し、翌二〇日朝に林公使に届けられ、林公使も記名調印した。この覚書成案は、日本では天皇裁可や日本政府の承認を経てはいないが小村外相が事後承認した。

八月二二日に林公使が、病床の高宗皇帝を訪れ、第三項の必要を強要し、同意を求めて裁可を仰いだ。翌二三日、李夏栄から代わった外部大臣署理尹致昊《ユンチホ》が、すでに調印済みの二項目に加え、第三項も同意すると林公使に伝えた。最終的に八月二二日の日付で、林と尹致昊が記名調印する。

また、日本政府の外交文書で「協約」と呼んだのは、林公使が八月二三日に調印済みを小村外相に伝えた電文で、二五日の小村外相から林公使宛の訓令にも「協約」という表現が使われている。さらに、二九日付の小村外相から駐英公使・駐仏公使宛の英文通報で、一九日付第一・第二項調印は'Memorandum'、二二日付全三項目の調印は'Agreement'と区別している。これらから海野は、李泰鎮が主張するように「覚書」を英訳する際に「条約」としたのではなく、「覚書」とは直前の第一項と第二項までで、「条約」とは署名者も異なる別協定であったと詳述する（『韓国併合史の研究』）。

第二次日韓協約①――国家代表者、国家への強迫をめぐって

さて、大韓帝国を保護国とした第二次日韓協約についてはどうか。この協約は日露戦争終

結直後、一九〇五年一一月一七日に調印された。日本が大韓帝国の外交権を掌握、さらに統監府を設置して内政全般にも事実上の日本支配が始まることとなる。大韓帝国にとって、主権国家としての存立が損なわれる重要な意味を持つ。そのため、今日の韓国では、韓国併合条約（一九一〇年）よりも、合法・不法論争の最大の焦点となっている。

議論は武力を背景にした日本の強制があったかどうかである。焦点は、調印に先立つ一一月一五日の伊藤博文の高宗への内謁見で強迫・強要があったか。また、調印当日の一七日の御前会議で、長谷川好道朝鮮駐劄軍司令官が率いる完全武装した日本軍が幾重にも宮中を取り囲むなかで、伊藤が大臣たちの個別意見を審問したことが、脅迫による強制となるかどうかである。

李泰鎮は、政府大臣への明白な脅迫と威嚇があったと主張する（「一九〇四〜一九一〇年、韓国国権侵奪条約の手続き上の不法性」）。

海野福寿も、大臣たちが生命の危険を感ずる精神的脅迫を受けていたことは事実と指摘する（『韓国併合史の研究』）。

国際法研究者の坂元茂樹は、国際法では「強制による締結」という際には、国家代表者に向けられた脅迫と、国家自体への強制の二つが区別されると説明する。

国家代表者に向けられた脅迫については、第二次日韓協約が締結された年にイギリスでその無効性が議論され、そのように締結された条約は無効であるとする。韓国併合時には日本の外務省政務局長の倉知鐵吉《くらちてつきち》が同様の趣旨の講義をしているため、少なくとも国家代表者への強制は無効という考えが、日本国内でも共有されていたとみる。そこから坂元は、国家代表者に対する強制を行えば条約が無効になると熟知していた日本が、第二次日韓協約や韓国併合条約を結ぶにあたり、規則に抵触する行為をとったとは考えにくいと推論する。

国家自体への強制については次のように説明する。条約法に関するウィーン条約(一九六九年締結、八〇年発効)は、国の代表者に対する強制(第五一条)と、国連憲章に違反する武力による威嚇又は武力の行使による国に対する強制(第五二条)を、条約の無効原因として認めている。だが、条約の不遡及《ふそきゅう》の原則から、条約法に関するウィーン条約以前に結ばれた第二次日韓協約や韓国併合条約に、そのまま適用することができない。ただ、慣習法規則として成立していたものについてはその限りではないとされており、武力行使禁止の慣習法規則の成立がいつだったかが議論となる。

そのうえで坂元は、不戦条約が締結された一九二八年以前に遡《さかのぼ》ってこれらの慣習法規則が成立していたとは考えにくいと述べる。ゆえに、国家自体への強制による条約は無効という規則は、第二次日韓協約や韓国併合条約には適用できないとする(「日韓間の諸条約の問題」)。加えて、第二次日韓協約は、国家代表者に対する脅迫か、国家自体への強制か、どちらの範疇《はんちゅう》で議論すべきか判断が困難とも述べている(「日韓は旧条約の落とし穴に陥ってはならない」)。

韓国の国際法研究者の李根寛《イグンガン》は、国際法的見地から国家に対する強制の区別が難しいことを受け、こうしたことからも韓国併合以後の事件や歴史に対する考慮が必要になると指摘する(「국제조약법상 강박이론의 재검토」)。この見方に対して坂元は、植民地支配について反省するのであれば、それをもたらした法的措置について断罪すべきとの主張は理解しつつも、歴史認識が法的議論を規定すべきではないと述べている。坂元は、当時の国際法では有効であるが明治政府の行為は正当化できないという「有効・不当論」の立場をとる(「日韓は旧条約の落とし穴に陥ってはならない」)。

これに対して比較思想研究の金鳳珍《キムボンジン》は、坂元が「無効説」を「近代国際法の法理を否定する立場」とすることに対して、「有効説」こそが「近代国際法の法理を否定する立場」であると述べる。なぜ近代国際法における「正義の法」の面の法理を軽視して「強者の法」の面を強調するのかと問う(『韓国併合有効・不当論』を問う」)。

一方で、韓国の国際法学者である白忠鉉《ペクチュンヒョン》は、坂元が指摘する条約の不遡及の原則に次のように反論する。韓国併合は正義に反し、現行の強行規範に違反していて、遡及効を認める必要があるきわめて不法的な性格を持っている。どんな規範的正当性も、武力を使った強迫によって締結された条約の法的有効性を認める根拠に援用できる法体系は存在しない（「日本の韓国併合に対する国際法的考察」）。

他方で、法学者の笹川紀勝は、次の二点から坂元の指摘を批判する。

一つは、一九三五年ハーバード大学法学部国際法研究が発表した「条約法協約草案」とコメントから、国家自体への強制による条約無効について、慣習法規則が成立していたことを示唆《しさ》する。この草案は「強迫」（duress）を「国家のために条約に署名する人々に対して向けられる「強制」（coercion）であり、このような強制がある場合には条約は無効になる」と指摘。事例の一つとして第二次日韓協約が掲げられていた（「ハーバード草案のとらえるグロチウスとマルテンス」）。

もう一つは、「国家代表者への強制」と「国家への強制」の混在についてである。第二次日韓協約締結時には、日本軍が王宮を包囲し、大臣たちの会議室に軍人が複数入室し軍事力による威圧下で条約が結ばれた。坂元が、国家代表者への脅迫を行えば条約は無効になると熟知していた日本が規則に抵触する行為をしたとは考えにくいということに対し、その場合の「熟知」とは日本政府以外には知り得ないことで、その意味が何かわからないと返す（「ヒトラーの条約強制と現代的な『国家に対する強制』」）。

この強制の問題については、ハワイ併合に詳しいハワイ大学教授だったJ・M・ヴァンダイクが、第二次日韓協約ではなく韓国併合についてだが、次のように指摘している。アメリカが一九九三年の謝罪決議で、ハワイ併合が国際法に違反していたと認めたのに対して、日本はそのような声明を発表することに後ろ向きであり、過ちを認めようとしない点に韓国併合の持つ複雑性がある（「日本の韓国併合と米国のハワイ併合との比較」）。アメリカ国内問題での話でもあるが興味深い指摘だ。

第二次日韓協約②——手続き上の問題をめぐって

第二次日韓協約については、強制の問題と並んで手続きの問題でも議論になっている。

李泰鎮は第二次日韓協約が、主権に関わる重要な条約であるのに、①署名者への全権委任状発給がない、②高宗の批准（裁可）がない、③表題（条約名）がない、④略式協約を意味する'Agreement'であるにもかかわらず、英訳版では'Convention'になっており、正式条約'Treaty'であるべきなのにそうではないと指摘する（「一九〇四～一九一〇年、韓国国権侵奪条約の手続き上の不法性」）。

批准書の不備については、弁護士で法学研究者の戸塚悦朗も、李泰鎮の説を支持する。

独立主権国家の外交権を奪う国家の存立に関わる重要な条約について、その国の外相の署名だけで締結できるのは常識的にはありえないとし、第二次日韓協約の場合は高宗の署名・

批准が必要だという。この「批准必要説」は、一九〇五年当時の国際法に関する書物からも明らかだと指摘する（「歴史認識と日韓の『和解』への道（その2）」）。

これに対して海野福寿は次のように反論する。

①全権委任状の欠如について、日本政府は第二次日韓協約を、外務省内の締結手続きでは、第II種「陛下の裁可を以《もっ》て締結する条約」に位置づけたとする。この第II種形式は、英文名称としては、'Agreement'、'Arrangement'、'Accord'が用いられる場合が多いが、第二次日韓協約では'Convention'が用いられた。また、伊藤博文が高宗に求めたのは、外部大臣朴斉純《パクチェスン》への全権委任状ではなく林権助公使と交渉を行う「勅命」であり、それは一一月一五日の伊藤の高宗への内謁見時にクリアしている。首相および外相は、在外大使・公使と同様に全権委任状なしで合意した条約調印書に記名調印する権限を持つとする。

②高宗の批准欠如については、李泰鎮が外交行為としての批准（批准書交換あるいは批准通告）と国内的な条約締結権者の批准（天皇・皇帝の裁可）を混同しているとし、伊藤博文は先述のような高宗が希望する一ヵ条の追加をもって「裁可を得た」とみなしたと指摘する。

しかし、李泰鎮は海野の説明に対して、法的効力を持つ証拠文書となる裁可書がないと反論する。これに対して海野は、他の条約には必ず裁可書があり、第二次日韓協約にだけ裁可書がないのであれば、高宗の裁可拒否に説得力を持つが、そうでない限り大韓帝国『官報』

（一九〇五年一一月一六日）の「韓日協商条約」公示が裁可の証拠記録となると返す。

③④に関して海野は、国際法学者の有賀長雄《ありがながお》『保護国論』（一九〇六年）が、保護条約一一例のうち条約名を'Treaty'とするのが七例、'Convention'が四例であること、さらに有賀が正式条約に'Convention'も含まれ、正式条約と略式取り決めとの効力にはまったく差違はないと指摘していることを挙げる（『韓国併合史の研究』）。この点は、坂元茂樹も同意する。

なお李泰鎮は、'Agreement'であることに対して海野が右の第二種形式論を挙げるのみにとどまっていると反論する（「略式条約で国権を移譲できるのか〔上〕」）。

一方、朝鮮大学校の朝鮮史研究者である康成銀《カンソンウン》は、日本の研究が日韓双方の公式記録に依拠しすぎる「公文書の物神化」を批判する。それは、海野と朝鮮史研究者の原田環が、「五大臣上疏文」（大韓帝国で第二次日韓協約に賛成した五人が一九〇五年一二月一六日に提出した条約締結の顚末を記した連名の上疏文）を根拠に、第二次日韓協約を合法的な条約と指摘したことにある。康成銀は、「書かれていないことは存在しないこと」と見る日本の公文書主義を批判した。

康成銀は、独立協会の活動にも関わった鄭　喬《チョンキョ》が執筆した『大韓季年史』を主な史料として、第二次日韓協約の違法性と不成立を強調する。『大韓季年史』によれば、調印書に捺印された外部大臣の印章は、日本公使館の外交官補沼野安太郎や憲兵が外部大臣官邸に行き、外部顧問スティーブンスから受け取り王宮に届けた、つまり印章が奪われたという指摘だ（「一次史料から見た『乙巳五条約』の強制調印過程」）。

しかし、これに対して原田環は、康成銀が史料批判の問題を強調しながらも、鄭喬の『大韓季年史』という二次史料に記載された印章簒奪《さんだつ》説を結論として採用したと反論する。さらに、他の史料の使い方にも問題があると指摘する（「第二次日韓協約締結時における韓国外部大臣の印章問題について」）。

この第二次日韓協約の合法性をめぐっては、議論は平行線のままである。

第三次日韓協約——手続き上の不法性

一九〇七年七月二四日、高宗の強制譲位直後に、大韓帝国の内政を掌握する第三次日韓協約が調印された。

李泰鎮は、第三次日韓協約の不法性について三点指摘する。

①高宗の強制退位は、日本による国権奪取の過程で起こった最大の強迫・威嚇である。②第三次日韓協約が強制されている七月二二日時点では、高宗は「譲位」ではなく「代理」を主張していた。帝位は純宗に禅譲されたと見ることはできず、純宗自身もこれを承諾していない。③帝位が曖昧な時期であり、条約のために皇帝の委任や批准ができない状況もあり、

その効力は認められない（「一九〇四～一九一〇年、韓国国権侵奪条約の手続き上の不法性」）。海野福寿もこの協約については疑問を呈している。

大韓帝国皇帝の裁可を経なかったと思われる点で異常であり、日本も調印前に協約案文への政府承認・天皇裁可がない。七月一〇日の元老・閣僚会議の統監一任の決定とその裁可だけで、調印後に報告された協約を事後承認している。従来の条約締結手続きの慣例に反する異例の措置だと指摘する。

とはいえ、日本政府が第三次日韓協約締結には「韓国皇帝の勅諚《ちょくじょう》（お言葉）に依《よ》らず両国政府間の協約」による方針で臨んでいたことを挙げ、李泰鎮の主張に反論する（『韓国併合史の研究』）。

韓国併合条約——手続き・形式上の不備

一連の植民地化の最終的な条約に位置づけられる韓国併合条約は、一九一〇年八月に締結される。

李泰鎮は、韓国併合条約でも手続き・形式上の不備があり、不成立だったと指摘する。

一つは、条約の署名者である「統監子爵寺内正毅」と「内閣総理大臣李完用《イワニョン》」が、それぞれ自国を代表して条約に署名する立場になかったという、署名者の無資格問題である。戸塚悦朗もこれに同意する。

　もう一つは、正式条約の要件の一つである批准の手続きがきちんとなされなかったことである。韓国併合条約は、第八条で「本条約は日本国皇帝陛下および韓国皇帝陛下の裁可を経たるものにして、公布の日よりこれを施行す」と規定した、特異な事前承認形式をとった。さらに、それに伴って韓国併合条約公布に際して、天皇・皇帝がそれぞれ「詔勅」を発布することにしたが、韓国皇帝純宗の「詔勅」には署名がなかった。加えて併合条約にあたって李完用を韓国代表に委任する委任状の純宗の署名は、筆跡の検証から日本側が偽造したものであると指摘する（「一九〇四～一九一〇年、韓国国権侵奪条約の手続き上の不法性」、「略式条約で国権を移譲できるのか〔下〕」、「統監府の大韓帝国宝印奪取と皇帝署名の偽造」）。

　これに対して海野福寿は、韓国併合条約について次のように述べる。

　韓国は外交権のみならず多くの主権を日本に分割移譲したが、併合までは依然として主権国家であり、制限された主権に関わる行政上の執行権を皇帝とその内閣が持っていた。そのうえで第二次日韓協約により、大韓帝国の外交権は日本政府に委任されたため、韓国併合条約調印書に記名調印する大韓帝国側の代表は日本政府（外相）であり、日本側代表は、大韓帝国で日本政府を代表する統監であるべきだと見る。

　つまり、日本が日本と結ぶ条約だったことも論理的にはあり得た。そのうえで、韓国総理大臣の記名・調印が求められたのは、大韓帝国政府の「合意」を明示する目的だったと解釈する。坂元茂樹も海野の指摘を支持する。

また、事前承認形式については、韓国併合条約第八条の規定に照らし、条約には批准事項がなく、外交行為としての批准書交換を必要としない。そして、それは調印後の批准行為を回避したい、日本側の周到な計画だったと付け加える。

さらに、純宗の署名捏造疑惑については、「詔勅」と「勅諭」の文書形式の違いを区別して反論する。韓国併合条約公布に際して発布されたのは、李泰鎮は「詔勅」とするが、実際は「勅諭」であり、当時、日本の天皇の意思表示における勅語・勅諭を文書で示す場合には形式を特に定めなかったという。つまり署名が必要だったといえないというのである。一九〇七年一一月から、大韓帝国の公文書形式も日本式に統一していたため、日本の勅諭のやり方にならった可能性があると指摘する（『韓国併合史の研究』）。

韓国併合とは何か——より良い日韓関係のために

さて、日本が大韓帝国の国権を奪っていく過程で結ばれた五つの条約・取り決め——日韓議定書、第一次・第二次・第三次日韓協約、韓国併合条約について、歴史学や国際法の議論のなかで主なものを整理して見てきた。

読者のみなさんは、どのような感想を持っただろうか。

植民地支配にいたる条約の有効・無効をめぐる議論について、主な対立の焦点が国際法であるため国際法が専門でない筆者が、法学的な観点から結論を述べることは避けたい。ただ、歴史学を専門とする者として、これまでの議論を精読しつつ、次の二点に留意したい。

一つは、第5章で見たように、一九〇四年二月の日韓議定書当時から、大韓帝国内で反対運動が見られたことである。さらに大韓帝国を保護国とすることになった第二次日韓協約(乙巳保護条約)に対しては、第6章で見たように、締結直後の一九〇五年一一月から、大韓帝国政府内でも不満・批判が上がっていた。そして、研究の深化を経てもなお今日にいたるまで、それはずっと続いている。その主な争点も、①通常の決裁過程を経ていない、②高宗皇帝が認めていない、③日本側による強制があった、の三点であることに、およそ一二〇年の間、ずっと変わりがない。これは、単に国際法解釈の問題だけでなく、歴史の問題なのである。

もう一つは、日韓の史料の在り方の違いである。

本書でも言及したが、東アジアでいち早く近代化し、条約体制に積極的に参入した日本と、中華世界に長くあり、清との宗属関係終焉後も中華を追求しようとした朝鮮では、政治に携わる者から彼らが記す史料にいたるまで、大きな違いがある。

明治維新後の日本は、幕末に結んだ列強との不平等条約改正を至上命題に掲げ、交渉の方法（話法）、史料の記録・保存方法など実務レベルの細部まで条約体制の外交を採り入れようと努力した。日本外交文書には、即時的・逐次的な分刻みの電報から、長文にわたる事後報告まで多様な文書の蓄積がある。さらに首相経験者をはじめ政治家や官僚の心情を吐露するような日記も存在する。

他方、大韓帝国も、「外部」という外交を司る機関が存在し、朝鮮王朝以来、名称は変遷するものの二〇余年の歴史を持っていた。しかし、外国使臣との交渉、外部と在外公館のやりとりを克明に記した文書はいまだ発見されておらず、残されていない可能性が高い。他の行政組織の記録も、日本のようにその時々の出来事について逐次的に詳細に記した記録は多くない。高宗の意図も確定が難しい。

大韓帝国の人物が日本の人物と対話をするときは、直接的な表現を用いたことが日本側の記録からわかる。しかしそれは、たとえば、韓国併合時に総理大臣だった李完用が、駐米公使館参賛官としてのアメリカ滞在や独立協会会員などの経歴を持つ、当時では少数派の近代エリートだったためかもしれない。

他方、政府記録の『承政院日記』などに表れる大韓帝国の皇帝や官僚の言葉には、儒教エリート独特の話法や婉曲表現が用いられる。大臣に任命されても、いったんは断わるのが慣例だったし、純宗も、高宗の代理をする詔勅を断わる上疏を二度出していた。また、一八九七年の皇帝即位の上疏はその最たる例でもある。臣下は、時に七〇〇人以上がともに、中国や朝鮮の歴史・書物を根拠にして上疏し、高宗はそのたびにそれを受け入れなかった。しかし、本書で記したように、皇帝即位式で準備されていた高宗の服装などを見る限り、かなり以前から皇帝即位は既定路線だった。

歴史学で一次史料とされる政府の公式文書が、朝鮮ではこうした儒教エリートたちの記録である。さらに、個人の日記も日本とは異なり、その日の出来事をメモのように記したものが多く、私的な感情を吐露する記録はあまりない。中華世界の歴史や政治文化に基づいた史料・記録なのである。

つまり、朝鮮王朝・大韓帝国と日本では、政治の在り方も、それに伴う史実の記録や整理の在り方も大きく異なる。そうした両国で、現在にまで残され、確認できる史料を突き合わせて、日本ではこう記されている、大韓帝国ではこう記されていると議論しても、平行線を辿る部分が少なくない。条約体制の外交を実践した国とそうでない国の記録を、対等に突き合わせて議論することは難しい。他方で、日本側の史料だけに依拠するのは、日本の主観が含まれ、日本から見た朝鮮史となることは言うまでもない。

史実に対する理解は決して一つではなく、それゆえさまざまな歴史の見方が成り立つ。ただ、そうしたなかでも大韓帝国の史料から抽出される史実がある。それは多くの朝鮮人が日本の支配に合意せず、歓迎しなかったことである。一方、細部まで逐次叙述される日本の史料から抽出される史実がある。それは、日本が朝鮮人から統治に対する「合意」や「正当性」を無理やりにでも得ようとしたことである。

これこそが韓国併合ではないだろうか。

あとがき

本書の特徴は次の三つである。

一つは、大韓帝国を主語にした韓国併合の歴史である。

これまで日本語による韓国併合の歴史は、「日本がなぜ／どうやって併合したのか」と、日本を主語に書かれてきた。それに対し、本書は朝鮮半島を主語にして、「大韓帝国はなぜ／どうやって日本に併合されたのか」を描いた。日本から見た場合、韓国併合史の裏面にあたる、大韓帝国興亡史をテーマにしたと言える。

二つ目には、史料を最重視した歴史学による手法である。

韓国併合については、政治学や国際関係など多様な研究手法で現在も議論されている。結論ありき、個人の信条による書物もある。そのなかで本書は、あくまで史料から議論を構築することに努めた。そこからは日本と朝鮮半島における史料の在り方の違いなど、両者の言い分の違いも見えてくる。また、今日にいたるまで争点になっている韓国併合過程で結ばれた条約などを全文掲載し、容易に接することができるようにした。

三つ目には、ここ三〇年近い間に発表された新たな研究成果を組み込んだことである。「まえがき」でも記したが、韓国併合は、山辺健太郎、森山茂徳、海野福寿という歴史学や政治学の泰斗が取り組んできたテーマである。しかし、一九九五年を最後に、学術の成果に基づいた一般向けの「韓国併合」は書かれていない。そのため、一九九五年以後の日清戦争研究、伊藤博文研究、大韓帝国成立一〇〇年を画期とした大韓帝国研究の深化と多様化の成果が反映されていない。加えて、一九九〇年代後半から繰り広げられている韓国併合の合法・不法をめぐる論争も、多くの人にわかりやすく伝える書物がなかった。

本書は、冷戦も韓国の民主化運動も記憶にない世代の、さらに地域研究という比較的新しい学問体系から朝鮮史を学んだ筆者が、この間の研究成果や論争も踏まえて、韓国併合を史料からあらためて捉え、描いたものである。

*

本書のお話をいただいたのは、二〇一九年二月だった。拙著『朝鮮外交の近代―宗属関係から大韓帝国へ』を読んでくださった中公新書編集部の白戸直人さんから大韓帝国の歴史を書いてほしいとの依頼だった。

私は大韓帝国自体について、誇るほどの学術的な知識を持ち合わせてはいなかったが、近年、大韓帝国の皇室財政の記録や、高宗が派遣した密使についての新史料を使った研究があることは知っていた。そういった史料を駆使して、新しい議論ができたら面白そうだと直感した。

加えて、白戸さんとお話するなかで、大韓帝国の成立から崩壊への道は、韓国併合への道でもあると考えた。崩壊と創造は表裏一体である。大韓帝国が崩壊すると日本の植民地「朝鮮」が創られる。せっかくなら「韓国併合」のタイトルでいきましょうとなったように記憶している。

ただ、二〇一九年は、育児を最優先にしなければならない年だった。白戸さんには、目次案と「まえがき」案だけをお渡しした。

それでも、年が明けたら韓国やアメリカ、ヨーロッパに行って史料を見ようと考えていた。まさか、「あとがき」を書いている今日まで、韓国さえ行けなくなるとは夢にも思っていなかった。

二〇二〇年の夏が終わった頃、新型コロナウイルス感染症は収束の兆しが見えず、海外出張は断念した。そこから、日本と韓国で書かれた大韓帝国に関する新旧の研究を集められるだけ集めて読み、『承政院日記』と『官報』をひたすら読んだ。

こうして出来たのが本書である。

そのため、これまでに発表された素晴らしい研究成果を整理し、少しだけ既刊史料から補える論点を加えただけとも言える。

しかし、溺《おぼ》れそうになるくらいこのテーマは膨大な研究成果がある。「この本を書くために生まれてきたのかもしれない」と思うほど、執筆中は辛くもあり、面白くもあった。そして多くの方々に助けていただき、ようやくいまがある。

＊

本書執筆に際しては、月脚達彦先生（東京大学教授）と糟谷憲一先生（一橋大学名誉教授）に、草稿段階の原稿を丁寧に読んでいただいた。月脚先生は、独立協会や愛国啓蒙運動について、糟谷先生は、朝鮮王朝の史料の読み方を詳しくご教示くださった。

岡本隆司先生（京都府立大学教授）は、本書の最初の読者になってくださっただけでなく、初校段階だったが科学研究費の研究会で合評会も催してくださった。

先生方がご教示くださったご指摘は、私の研究者人生を通して取り組む課題でもある。あらためて心から感謝を申し上げたい。

編集部経由で初校を読んでくださった木村幹先生（神戸大学教授）と小野容照先生（九州大学准教授）にも感謝したい。木村先生には特に法学・政治学の観点から、小野先生には本書全体に関して、鋭いコメントを頂戴した。深く感謝を申し上げたい。

勤務先の東京女子大学の先生方、図書館や教育研究支援課、エンパワーメント・センターのみなさんにも感謝したい。授業と会議、下校後の子どもとの時間を差し引くと、一日のうちで研究時間などほとんどない。みなさんのお陰で、なんとか研究を続けられている。

最後に、本書を書くうえで、伴走者となってくださった白戸直人さんに心よりお礼を申し上げたい。一流の編集者の仕事を間近で拝見するのはとても刺激的だった。白戸さんとお仕事ができて、とても楽しかった。

なお、本書は科学研究費の若手研究「近代朝鮮と交隣―事大交隣から交隣、そして外交へ」（二〇一九～二〇二二年度、代表・森万佑子）と基盤研究C「近世・近代の東アジアにおける『属国』の『併合』に関する比較研究」（二〇二〇～二〇二二年度、代表・岡本隆司）の成果の一部である。


新書は、大学生が辞書なしに読める内容で書かれている。

一〇年後、子どもが大学生になったときにも、この本が読まれていますように。

二〇二二年四月六日

森　万佑子

———「대한협회에 관한 연구」『아세아연구』(13－3)、1970年
임민혁「대한제국기 『大韓禮典』의 편찬과 황제국 의례」『역사와 실학』(34)、2007年
장상진『한국의 화폐』대원사、1997年
田鳳德「大韓國國制의 制定과 基本思想」『법사학연구』(1)、1974年
鄭喬『大韓季年史』大韓民國文教部國史編纂委員會編、1971年
鄭玉子『조선후기 조선중화사상 연구』一志社、1998年
崔德壽『대한제국과 국제환경－상호인식의 충돌과 접합』先人、2005年
최형익「한국에서 근대 민주주의의 기원－구한말 독립신문, '독립협회', '만민공동회' 활동」『정신문화연구』(27－3)、2004年
한성민『일본의 '韓國併合' 과정 연구』景仁文化社、2021年
韓永愚「乙未之變, 大韓帝國 성립과『明成皇后 國葬都監儀軌』」『韓國學報』(100)、2000年
———「大韓帝國 성립과정과『大禮儀軌』」『韓國史論』(45)、2001年
한일문화교류기금・동북아역사재단 편『대한제국과 한일관계』景仁文化社、2014年
韓哲昊『한국 근대 개화파와 통치기구 연구』先人、2009年
———『박정양의 美行日記－조선 사절, 미국에 가다』국외소재문화재재단、2014年
함동주「대한자강회(大韓自强會)의 일본관과 '문명론'」『한국동양정치사상사연구』(2－2)、2003年
玄光浩『大韓帝國의 對外政策』신서원、2002年
———『대한제국과 러시아 그리고 일본』先人、2007年
黃玹(國史編纂委員會編纂)『梅泉野錄』新志社、1955年

主要参考文献

呉瑛燮『고종황제와 한말의병』先人、2007年
王賢鐘「광무개혁 논쟁」『역사비평』(73)、2005年
———「대한제국기 고종의 황제권 강화와 개혁 논리」『역사학보』(208)、2010年
元裕漢『한국의 전통 사회 화폐』梨花女子大學校出版部、2005年
———『조선후기 화폐사』慧眼、2008年
柳永烈「大韓自强會의 新舊學折衷論」『崔永禧先生華甲記念　韓國史學論叢』探求堂、1987年
尹慶老「日帝의 新民會 捕捉經緯와 그 認識」『崔永禧先生華甲記念　韓國史學論叢』探求堂、1987年
———「신민회 창립과 전덕기」『나라사랑』(97)、1998年
李京美『제복의 탄생－대한제국 서구식 문관대례복의 성립과 변천』民俗苑、2012年
이경분, 헤르만 고체프스키「프란츠 에케르트는 대한제국 애국가의 작곡가인가？－대한제국 애국가에 대한 새로운 고찰」『역사비평』(101)、2012年
이계형『한말 '한일조약' 체결의 불법성과 원천무효』東北亞歷史財團、2021年
李求鎔「朝鮮에서의 唐紹儀의 活動과 그 役割－淸日戰争 前・後期를　中心으로」『藍史鄭在覺博士古稀記念　東洋學論叢』高麗苑、1984年
———「大韓帝國의 成立과 列强의 反應－稱帝建元 議論을　中心으로」『江原史學』(１)、1985年
———「大韓帝國의　稱帝建元　議論에 對한　列强의　反應」『崔永禧先生華甲記念　韓國史學論叢』探求堂、1987年
이규원, 최은경「대한적십자병원 (1905-1907) －설립 및 운영, 그리고 폐지를 중심으로」『의사학』(27－２)、2018年
李根寬「국제조약법상 강박이론의 재검토－일본의 한국병합과 관련하여」李泰鎭 외『한국병합의 불법성연구』서울대학교출판부、2003年
李明花「愛國歌 형성에 관한 연구」『역사와 실학』(10・11)、1999年
李玟源「大韓帝國의 成立過程과 列强과의　關係」『韓國史硏究』(64)、1989年
이방원「韓末 中樞院 硏究」『梨大史苑』(31)、1998年
이승현「신민회 (新民會) 의 국가건설사상－공화제를 향하여」『한국학』(29－１)、2006年
이영옥「淸朝와 朝鮮 (大韓帝國) 의 외교관계, 1895～1910」『中國學報』(50)、2004年
李永鶴「대한제국의 경제정책」『역사와 현실』(26)、1997年
이욱「대한제국기 환구제 (圜丘祭) 에 관한 연구」『종교연구』(30)、2003年
———「근대 국가의 모색과 국가의례의 변화－1894～1908년 국가 제사의 변화를 중심으로」『정신문화연구』(27－２)、2004年
이욱・장영숙・임민혁・김지영・이정희・최연우『대한예전 복식제도의 성격과 의미』韓國學中央硏究院出版部、2019年
이욱・장을연・김봉좌・이민주・구혜인・제송희『대한제국기 황실 의례와 의물』韓國學中央硏究院出版部、2020年
이윤상「대한제국기 황제 주도의 재정운영」『역사와 현실』(26)、1997年
李丁希『근대식 연회의 탄생－대한제국 근대식 연회의 성립과 공연문화사적 의의』民俗苑、2014年
———『대한제국 황실음악－전통과 근대의 이중주』民俗苑、2019年
李鉉淙「大韓自强會에 對하여」『진단학보』(29・30)、1966年

和田春樹『日露戦争－起源と開戦』上・下、岩波書店、2009～10年
――『韓国併合　110年後の真実－条約による併合という欺瞞』岩波ブックレット、2019年

【韓国語】

桂勝範『정지된 시간－조선의 대보단과 근대의 문턱』西江大學校出版部、2011年
국립고궁박물관 엮음『대한제국－잊혀진 100년 전의 황제국』民俗苑、2011年
金建泰『대한제국의 양전』景仁文化社、2018年
金道泰『徐載弼博士自叙傳』乙酉文化社、1972年
金明久「한말 대한협회계열의 정치사상의 성격」『역사와 세계』(21)、1997年
김명기『한일합방조약의 부존재에 관한 연구』한국학술정보、2021年
김문식「高宗의 皇帝 登極儀에 나타난 상징적 함의」『조선시대사학보』(37)、2006年
金玉均（趙一文譯注）『甲申日錄』建國大學校出版部、1977年
金源模「에케르트 軍樂隊와 大韓帝國愛國歌」『崔永禧先生華甲記念　韓國史學論叢』探求堂、1987年
金允嬉「대한제국기 皇室財政運營과 그 성격－度支部 豫算外 支出과 內藏院 재정 운영을 중심으로」『한국사연구』(90)、1995年
金銀柱『석조전－잊혀진 대한제국의 황궁』民俗苑、2014年
김종준『일진회의 문명화론과 친일활동』신구문화사、2010年
김헌주「대한제국기 의병운동 참여주체의 지향 재인식」『한국사학보』(78)、2020年
도면회「황제권 중심 국민국가체제의 수립과 좌절（1895～1904）」『역사와 현실』(50)、2003年
――「『대한국국제』와 대한제국의 정치구조」『내일을 여는 역사』(17)、2004年
민회수「갑오개혁 이전 조선의 황제국 용어 사용」『규장각』(55)、2019年
朴敏泳『大韓帝國期 義兵研究』한울아카데미、1998年
朴鍾涍『激變期의 한・러關係史』先人、2015年
朴贊勝「韓末 自强運動論의 각 계열과 그 성격」『한국사연구』(68) 1990年
朴桓『독립운동과 대한적십자』民俗苑、2020年
徐榮姬『대한제국 정치사 연구』서울大學校出版部、2003年
徐珍教「1899년 高宗의 大韓國國制 반포와 專制皇帝權의 추구」『한국근현대사연구』(５)、1996年
――「대한제국기 高宗의 황제권 강화책과 警衛院」『한국근현대사연구』(９)、1998年
――「대한제국기 고종의 황실追崇사업과 황제권의 강화의 사상적 기초」『한국근현대사연구』(19)、2001年
愼鏞廈『新版　獨立協會研究－독립신문・독립협회・만민공동회의 사상과 운동』상・하、一潮閣、2006年
楊尚弦「大韓帝國期　內藏院의　人蔘관리와　蔘稅징수」『규장각』(19)、1996年
――「대한제국기 내장원의 광산 관리와 광산 경영」『역사와 현실』(27)、1998年
延甲洙『고종대 정치변동 연구』一志社、2008年
오연숙「대한제국기 의정부의 운영과 위상」『역사와 현실』(19)、1996年

公新書、2020年
林雄介「一九世紀末、朝鮮民衆の対日認識について」『朝鮮史研究会論文集』(33)、1995年
———「一進会の前半期に関する基礎的研究」武田幸男編『朝鮮社会の史的展開と東アジア』山川出版社、1997年
———「運動団体としての一進会－民衆との接触様相を中心に」『朝鮮学報』(172)、1999年
———「一進会の後半期に関する基礎的研究－一九〇六年八月～解散」『東洋文化研究』(1)、1999年
原田環『朝鮮の開国と近代化』溪水社、1997年
———「第二次日韓協約調印と大韓帝国皇帝高宗」『青丘学術論集』(24)、2004年
———「第二次日韓協約締結時における韓国外部大臣の印章問題について」森山茂徳・原田環編『大韓帝国の保護と併合』東京大学出版会、2013年
韓相一(李健・滝沢誠共訳)『日韓近代史の空間』日本経済評論社、1984年
広瀬貞三「李容翊の政治活動(一九〇四～七年)について－その外交活動を中心に」『朝鮮史研究会論文集』(25)、1988年
白忠鉉「日本の韓国併合に対する国際法的考察」笹川紀勝・李泰鎮編著『韓国併合と現代－歴史と国際法からの再検討－国際共同研究』明石書店、2008年
宮嶋博史『朝鮮土地調査事業史の研究(東京大学東洋文化研究所報告)』東京大学東洋文化研究所、1991年
宮嶋博史・吉野誠・趙景達『原典　朝鮮近代思想史1　伝統思想と近代の黎明－朝鮮王朝』岩波書店、2022年
———『原典　朝鮮近代思想史2　攘夷と開化－一八六〇年代から日清戦争まで』岩波書店、2022年
———『原典　朝鮮近代思想史3　近代改革をめぐる抗争－甲午農民戦争から大韓帝国まで』岩波書店、2022年
陸奥宗光、中塚明校注『新訂　蹇蹇録－日清戦争外交秘録』岩波文庫、1983年
村瀬信也「一九〇七年ハーグ平和会議再訪－韓国皇帝の使節」上・下、『外交フォーラム』(20－6・7)、2007年
ユミ・ムン(赤阪俊一・李慶姫・徳間一芽訳)『日本の朝鮮植民地化と親日「ポピュリスト」－一進会による対日協力の歴史』明石書店、2018年
森万佑子『朝鮮外交の近代－宗属関係から大韓帝国へ』名古屋大学出版会、2017年
———『ソウル大学校で韓国近代史を学ぶ——韓国留学体験記』風響社ブックレット、2017年
森山茂徳『近代日韓関係史研究』東京大学出版会、1987年
———『日韓併合』吉川弘文館、1992年
矢木毅『韓国の世界遺産　宗廟——王位の正統性をめぐる歴史』臨川書店、2016年
山辺健太郎『日本の韓国併合』太平出版社、1966年
———『日韓併合小史』岩波新書、1966年
柳永益(秋月望・広瀬貞三訳)『日清戦争期の韓国改革運動－甲午更張研究』法政大学出版局、2000年
歴史学研究会編『「韓国併合」100年と日本の歴史学－「植民地責任」論の視座から』青木書店、2011年

———『陸奥宗光－「日本外交の祖」の生涯』中公新書、2018年
佐々充昭「檀君ナショナリズムの形成－韓末愛国啓蒙運動期を中心に」『朝鮮学報』(174)、2000年
篠田治索・小田省吾編著『徳壽宮史』復刻版韓国併合史研究資料、龍渓書舎、2011年
新城道彦『天皇の韓国併合－王公族の創設と帝国の葛藤』法政大学出版局、2011年
———『朝鮮王公族－帝国日本の準皇族』中公新書、2015年
愼蒼宇「植民地戦争としての義兵戦争」和田春樹他編『岩波講座　東アジア近現代通史２－日露戦争と韓国併合19世紀末－1900年代』岩波書店、2010年
鈴木修「一九〇四年玄暎運の伊藤博文招聘について」中央大学東洋史学研究室編『菊池英夫教授山崎利男教授古稀記念アジア史論叢』刀水書房、2003年
高橋秀直『日清戦争への道』東京創元社、1995年
多田井喜生『朝鮮銀行－ある円通貨圏の興亡』ちくま学芸文庫、2020年
田保橋潔『近代日鮮関係の研究』上・下、朝鮮総督府中枢院、1940年
———「近代朝鮮に於ける政治的改革（第一回）」『近代朝鮮史研究』朝鮮総督府、1944年
崔誠姫『近代朝鮮の中等教育－1920～30年代の高等普通学校・女子高等普通学校を中心に』晃洋書房、2019年
趙景達「朝鮮における日本帝国主義批判の論理の形成－愛国啓蒙運動期における文明間の相克」『史潮』(25)、1989年
———『近代朝鮮と日本』岩波新書、2012年
———『朝鮮の近代思想－日本との比較』有志舎、2019年
———『近代朝鮮の政治文化と民衆運動－日本との比較』有志舎、2020年
趙景達・宮嶋博史・糟谷憲一『朝鮮史』１・２、山川出版社、2017年
趙景達・宮嶋博史・李成市・和田春樹『「韓国併合」100年を問う－『思想』特集・関係資料』岩波書店、2011年
千受珉「日本の韓国統治と日本赤十字社の組織拡張－大韓赤十字社との関係性を中心に」『朝鮮学報』(258)、2021年
月脚達彦『朝鮮開化思想とナショナリズ－近代朝鮮の形成』東京大学出版会、2009年
———「近現代韓国・朝鮮における街頭集会・示威」『韓国朝鮮の文化と社会』19、2020年
月脚達彦訳注『朝鮮開化派選集－金玉均・朴泳孝・兪吉濬・徐載弼』平凡社、2014年
辻大和『朝鮮王朝の対中貿易政策と明清交替』汲古書院、2018年
戸塚悦朗「歴史認識と日韓の『和解』への道（その２）－植民地支配責任と1905年『韓国保護条約』」『歴史認識と日韓の「和解」への道－徴用工問題と韓国大法院判決を理解するために』日本評論社、2019年
永島広紀「一進会の活動とその展開－特に東学・侍天教との相関をめぐって」『年報朝鮮學』（５）、1995年
———「一進会立『光武学校』考」『朝鮮学報』(178)、2001年
———「保護国期の大韓帝国における『お雇い日本人』」森山茂徳・原田環編『大韓帝国の保護と併合』東京大学出版会、2013年
沼田多稼蔵『日露陸戦新史』岩波新書、1940年
波多野澄雄『「徴用工」問題とは何か——朝鮮人労務動員の実態と日韓対立』中

主要参考文献

編『日韓協約と韓国併合－朝鮮植民地支配の合法性を問う』明石書店、1995年
――――「主権守護外交の終焉と復活－ハーグ密使派遣・舊制・独立運動」笹川紀勝・李泰鎮編著『韓国併合と現代－ 歴史と国際法からの再検討 － 国際共同研究』明石書店、2008年
金東明「一進会と日本－『政合邦』と併合」『朝鮮史研究会論文集』(31)、1993年
金学俊（金容権訳）『西洋人の見た朝鮮－李朝末期の政治・社会・風俗』山川出版社、2014年
金鳳珍「『韓国併合有効・不当論』を問う」笹川紀勝・李泰鎮編著『韓国併合と現代－歴史と国際法からの再検討－国際共同研究』明石書店、2008年
金文子『朝鮮王妃殺害と日本人－誰が仕組んで、誰が実行したのか』高文研、2009年
――――『日露戦争と大韓帝国－日露開戦の「定説」をくつがえす』高文研、2014年
木村幹『高宗・閔妃－然らば致し方なし』ミネルヴァ書房、2007年
――――『歴史認識はどう語られてきたか』千倉書房、2020年
――――『韓国愛憎－激変する隣国と私の30年』中公新書、2022年
京城府（復刻版発行者山田忠）『京城府史』第一巻～第三巻、湘南堂書店、1982年
国立歴史民俗博物館編『「韓国併合」100年を問う－2010年国際シンポジウム』岩波書店、2011年
ヘルマン・ゴチェフスキ、李京粉「〈大韓帝国愛国歌〉に隠されていた韓国民謡の発見」『東洋音楽研究』(78)、2012年
小松緑『韓国併合之裏面』復刻版韓国併合史研究資料、龍渓書舎、2005年
酒井裕美『開港期朝鮮の戦略的外交1882－1884』大阪大学出版会、2016年
坂元茂樹「日韓は旧条約の落とし穴に陥ってはならない－本誌・李泰鎮論文へのひとつの回答」『世界』(652)、1998年
――――「日韓間の諸条約の問題－国際法学の観点から」『日韓歴史共同研究報告書　第3分科報告書上巻』、日韓歴史共同研究委員会、2005年
櫻井良樹「日韓合邦建議と日本政府の対応」『麗澤大学紀要』55、1992年
笹川紀勝「日韓における法的な『対話』をめざして－第二次日韓協約強制問題への視点」『世界』(663)、1999年
――――「伝統的国際法時代における日韓旧条約（一九〇四～一九一〇）－条約強制をめぐる法的な論争点」笹川紀勝・李泰鎮編著『韓国併合と現代－歴史と国際法からの再検討－国際共同研究』明石書店、2008年
――――「ハーバード草案のとらえるグロチウスとマルテンス」笹川紀勝・李泰鎮編著『韓国併合と現代－ 歴史と国際法からの再検討 － 国際共同研究』明石書店、2008年
――――「ヒトラーの条約強制と現代的な『国家に対する強制』」笹川紀勝・李泰鎮編著『韓国併合と現代－ 歴史と国際法からの再検討 － 国際共同研究』明石書店、2008年
――――「代表者への条約強制無効－二つの事件：ポーランド分割条約と韓国保護条約の比較研究」笹川紀勝・李泰鎮編著『韓国併合と現代－歴史と国際法からの再検討－国際共同研究』明石書店、2008年
佐々木雄一『帝国日本の外交1894－1922－なぜ版図は拡大したのか』東京大学出版会、2017年

究』明石書店、2008年
伊藤之雄・李盛煥編著『伊藤博文と韓国統治－初代韓国統監をめぐる百年目の検証』ミネルヴァ書房、2009年
伊藤之雄『伊藤博文をめぐる日韓関係』ミネルヴァ書房、2011年
李亮「対韓政策の一側面－一進会の位置」『九州史学』(84)、1985年
岩井茂樹『朝貢・海禁・互市－近世東アジアの貿易と秩序』名古屋大学出版会、2020年
ジョン・M. ヴァンダイク「日本の韓国併合と米国のハワイ併合との比較」笹川紀勝・李泰鎮編著『韓国併合と現代－歴史と国際法からの再検討－国際共同研究』明石書店、2008年
海野福寿『韓国併合』岩波書店、1995年
───「研究の現状と問題点」海野福寿編『日韓協約と韓国併合－朝鮮植民地支配の合法性を問う』明石書店、1995年
───「韓国保護条約について」海野福寿編『日韓協約と韓国併合－朝鮮植民地支配の合法性を問う』明石書店、1995年
───「李教授『韓国併合不成立論』を再検討する」『世界』(666)、1999年
───『韓国併合史の研究』岩波書店、2000年
───『外交史料　韓国併合』上・下、不二出版、2003年
───「第二次日韓協約と五大人上疏」『青丘学術論集』(25)、2005年
大谷正『日清戦争－近代日本初の対外戦争の実像』中公新書、2014年
岡本隆司『属国と自主のあいだ－近代清韓関係と東アジアの命運』名古屋大学出版会、2004年
───『世界のなかの日清韓関係史－交隣と属国、自主と独立』講談社、2008年
───『中国の論理－歴史から解き明かす』中公新書、2016年
───『中国の誕生』名古屋大学出版会、2017年
岡本隆司編『交隣と東アジア－近世から近代へ』名古屋大学出版会、2021年
小川原宏幸「一進会の日韓合邦請願運動と韓国併合－『政合邦』構想と天皇制国家原理との相克」『朝鮮史研究会論文集』(43)、2005年
───『伊藤博文の韓国併合構想と朝鮮社会－王権論の相克』岩波書店、2010年
奥村周司「李朝高宗の皇帝即位について－その即位儀礼と世界観」『朝鮮史研究会論文集』33、1995年
長田彰文『セオドア・ルーズベルトと韓国－ 韓国保護国化と米国』未来社、1992年
糟谷憲一「初期義兵運動について」『朝鮮史研究会論文集』(15)、1978年
───『朝鮮半島を日本が領土とした時代』新日本出版社、2020年
姜在彦「独立新聞・独立協会・万民共同会－一八九〇年代後半期におけるブルジョア的変革運動」『朝鮮史研究会論文集』(９)、1972年
───『朝鮮の開化思想』岩波書店、1980年
───「総説」『百五人事件資料集』全４巻、不二出版、1986年
康成銀『一九〇五年韓国保護条約と植民地支配責任－歴史学と国際法学との対話』創史社、2005年
───「一次史料から見た『乙巳五条約』の強制調印過程」笹川紀勝・李泰鎮編著『韓国併合と現代－ 歴史と国際法からの再検討 － 国際共同研究』明石書店、2008年
木宮正史『日韓関係史』岩波新書、2021年
金基奭（金恵栄訳）「光武帝の主権守護外交・一九〇五～一九〇七年」海野福寿

図録「한미우호의 요람 주미대한제국공사관」국외소재문화재재단、2014年
朴定陽（韓國學文獻研究所編）『朴定陽全集』亞細亞文化社、1984年
『純宗實錄』國史編纂委員會、韓國史データーベース
『承政院日記』國史編纂委員會、韓國史データーベース
『新編韓國史』國史編纂委員會、韓國史データーベース
『禮式章程』藏書閣、請求記号 K2-2130、MF35-1892
『外賓陛見及迎送式』藏書閣、請求記号 K2-2699、MF16-294
이규헌『사진으로 보는 獨立運動－（上）외침과 투쟁』서문당、1996年
이돈수・이순우『꼬레아 에 꼬레아니【사진해설판】－100년 전 서울 주재 이탈리아 외교관 카를로 로제티의 대한제국견문기』하늘재、2009年
『駐韓日本公使館記錄』（1～28）、國史編纂委員會編、1986～2000年
최석로『사진으로 본 조선시대 민족의 사진첩－Ⅲ민족의 전통・멋과 예술 그리고 풍속』서문당、1994年
『한국근대사자료집성14　프랑스외무부문서四』、조선Ⅲ・一八九〇、國史編纂委員會、2005年
『韓末近代法令資料集』Ⅰ～Ⅲ、大韓民國國會圖書館、1970～71年
『皇城新聞』［複製版］景仁文化社、1984年

【中国語】
『清季中日韓関係史料』中央研究院近代史研究所編、1989年
顧廷龍・叶亞廉主編『李鴻章全集（二）』電稿二、上海人民出版社、1986年

文　献
【日本語】
石田徹『近代移行期の日朝関係－国交刷新をめぐる日朝双方の論理』溪水社、2013年
李穂枝『朝鮮の対日外交戦略－日清戦争前夜1876－1893』法政大学出版局、2016年
李泰鎮（金玲希訳）「統監府の大韓帝国宝印奪取と皇帝署名の偽造」海野福寿編『日韓協約と韓国併合－朝鮮植民地支配の合法性を問う』明石書店、1995年
李泰鎮「韓国併合は成立していない－日本の大韓帝国国権侵奪と条約強制」上・下、『世界』（650・651）、1998年
―――「韓国侵略に関連する諸条約だけが破格であった－坂元茂樹教授（九八年九月号）に答える」『世界』（659）、1999年
―――「略式条約で国権を移譲できるのか－海野教授の批判に答える」上・下、『世界』（674・675）、2000年
―――（鳥海豊訳）『東大生に語った韓国史－韓国植民地支配の合法性を問う』明石書店、2006年
―――「一九世紀韓国の国際法受容と中国との伝統的関係生産のための闘争」笹川紀勝・李泰鎮編著『韓国併合と現代－ 歴史と国際法からの再検討 － 国際共同研究』明石書店、2008年
―――「一九〇四～一九一〇年、韓国国権侵奪条約の手続き上の不法性」笹川紀勝・李泰鎮編著『韓国併合と現代－歴史と国際法からの再検討－国際共同研究』明石書店、2008年
―――「一九〇五年『保護条約』における高宗皇帝協商指示説への批判」笹川紀勝・李泰鎮編著『韓国併合と現代－歴史と国際法からの再検討－国際共同研

主要参考文献

史　料

【日本語】

度支部編『韓国財務経過報告（上）－第三回（隆熙三年上半期）』復刻版韓国併合史研究資料、龍渓書舎、2009年

度支部編『韓国財務経過報告（下）－第三回（隆熙三年上半期）』復刻版韓国併合史研究資料、龍渓書舎、2009年

朝鮮総督府編『第二次韓国施政年報（明治41年）』復刻版韓国併合史研究資料、龍渓書舎、2005年

朝鮮総督府編『第三次施政年報（明治42年）』復刻版韓国併合史研究資料、龍渓書舎、2005年

統監官房文書課編『統監府統計年報（第一次）』復刻版韓国併合史研究資料、龍渓書舎、1996年

統監官房文書課編『統監府統計年報（第二次）』復刻版韓国併合史研究資料、龍渓書舎、1996年

統監官房文書課編『統監府統計年報（第三次）』復刻版韓国併合史研究資料、龍渓書舎、1996年

統監官房編『韓国施政年報（明治39・40年）』復刻版韓国併合史研究資料、龍渓書舎、2005年

『日本外交文書』、外務省編纂日本外交文書デジタルコレクション

【韓国語】

『高宗時代史』國史編纂委員會、韓國史データーベース

『高宗實錄』國史編纂委員會、韓國史データーベース

『舊韓國官報』第一卷～第一七卷、亞細亞文化社、1973～74年

『舊韓國外交文書』第一卷～第二一卷、高麗大學校亞細亞問題研究所、1965～71年

『舊韓國外交關係附屬文書』（『統署日記』１～３）第三卷～第五卷、高麗大學校亞細亞問題研究所、1972～73年

『舊韓國外交關係附屬文書』（『外衙門日記』）第六卷、高麗大學校亞細亞問題研究所、1974年

『舊韓國外交關係附屬文書』（『交涉局日記』）第七卷、高麗大學校亞細亞問題研究所、1974年

『國譯　尹致昊英文日記』國史編纂委員會、韓國史データーベース

『宮內府外事課日記』藏書閣、請求記号 K2-250、MF35-830

「內部謄錄」『各司謄録－近代編』國史編纂委員會、韓國史データーベース

大韓帝國史禮所（任敏赫・成英愛・朴志潤譯）『國譯　大韓禮典』上・中・下、民俗苑、2018年

『The Independent 獨立新聞』（全９巻）、1981年

図録「100년 전의 기억, 대한제국」국립고궁박물관、2010年

図録『2012국립대구박물관 특별전－근대를 향한 비상, 대한제국』國立大邱博物館、2012年

	韓露条約廃棄勅宣書．5月31日 日本政府「対韓施設綱領」を閣議決定．8月19日と22日 第1次日韓協約調印．12月2日 親日政治団体「一進会」と「進歩会」合併し「一進会」発足
1905年	4月8日 日本政府「韓国に対する保護権を確立する」方針を閣議決定．7月29日 桂・タフト協定．8月12日 第2次日英同盟協約の調印．9月5日 ポーツマス条約締結．11月10日 伊藤博文特派大使が訪韓し高宗に謁見．11月17日 第2次日韓協約（乙巳保護条約）調印．12月21日 伊藤博文を初代統監に任命
1906年	2月1日 統監府開庁（初代統監伊藤博文）．4月4日「大韓自強会」発足．6月 崔益鉉，義兵を起こすも逮捕される．8月27日 普通学校令公布
1907年	5月22日 李完用内閣発足（一進会メンバー20名も官吏に登用）．6月26日 ハーグ密使事件（議長に万国平和会議への参加申し入れ）．7月18日 高宗が軍国の大事を皇太子に「代理」させる詔勅．7月20日 高宗の「譲位式」を挙行．7月24日 第3次日韓協約調印．7月31日 軍隊解散の詔勅．8月2日 年号「隆熙」に改元．8月27日 純宗皇帝即位式．11月 皇太子の李垠は東京に留学．9月頃～12月 一三道倡義軍（～08年初め解散）
1908年	6月 一進会の官吏が多く更迭．8月26日 私立学校令公布．12月 東洋拓殖会社設立
1909年	1～2月 純宗皇帝南北巡幸（2月3日 日章旗拒否事件）．4月10日 桂太郎首相・小村寿太郎外相が，伊藤統監を訪ねて韓国併合案に同意を得る．6月14日 伊藤博文，統監辞任（曾禰荒助が第2代統監）．7月6日 日本政府「韓国併合に関する件」を閣議決定．7月12日 司法および監獄事務委託に関する日韓覚書調印．9月 朝鮮半島南部の義兵討伐（南韓大討伐作戦）開始．10月26日 伊藤博文暗殺．10月29日 韓国銀行設立．12月4日 一進会「日韓合邦声明書」提出
1910年	1月 曾禰荒助統監が病のため帰国し辞任．5月30日 寺内正毅を第3代統監に任命．8月16日 寺内正毅統監と李完用首相の間で，韓国併合の協議始まる．8月22日 韓国併合条約調印．大韓帝国を朝鮮と改称．8月29日 韓国併合条約公布，即日施行．同日明治天皇が大韓帝国皇帝らを冊封（高宗は徳寿宮李太王，純宗は昌徳宮李王）

	日『皇城新聞』創刊．９月10日（陰暦７月25日）皇帝即位後初めての高宗万寿聖節．９月11日 毒茶事件（皇太子が障害を負う），犯人への拷問刑や縁坐の執行に対し独立協会，漢城の民衆反発．10月29日～11月２日 独立協会を中心に官民共同会開催，献議６条の作成．11月３日 中枢院官制改正による事実上の議会設立法の制定．11月４日 匿名書事件．11月５日 独立協会会員17名逮捕，これに対して万民共同会が結成されデモ．12月１日 万民共同会のデモの最中に亡くなった「義士」の万民葬．12月15日 中枢院開院．12月16日 大臣を無記名投票で選出．12月25日 独立協会，万民共同会強制解散
1899年	１月１日 朝臣服章を準備する詔勅．３月18日 警務使・警務官の礼帽・礼装を洋装にする勅令．４月27日 儒教を崇尚する詔勅．６月22日 元帥府官制公布，大元帥（皇帝），元帥（皇太子）の西洋式軍服を採用．８月17日 大韓国国制公布．９月11日 清韓通商条約締結
1900年	４月17日 文官服装規則・文官大礼服製式の勅令（文官の服装も西洋式になる）．６～８月 高宗が派遣した密使玄暎運が訪日（のちの日韓議定書につながる日韓国防同盟を議論）．11月12日 京仁鉄道開通式．12月19日 軍楽隊設置に関する件公布
1901年	１月 ロシア，日本に朝鮮中立化を提案．２月 エッケルトが西洋楽器とともに漢城到着．９月７日（陰暦７月25日）高宗の万寿聖節で洋楽２曲を披露．11月４日 外部大臣朴斉純が高宗の密命を受け訪日，小村寿太郎外相と国防に関する日韓協約について議論．11月６日 清国皇帝から大韓帝国外部に国書が届く
1902年	１月 日英同盟．１月27日 国歌制定の詔勅．２月 オランダの周旋による赤十字社と万国平和会議への参加希望を伝える．３月19日 御極40年称慶礼式の開催（10月18日の継天紀元節を予定）を決定．７月１日『大韓帝国愛国歌』刊行．７月26日 臨時衛生院を特設し流行病を予防する詔勅．10月４日 天然痘の流行により，御極40年称慶礼式の翌年への延期を発表
1903年	４月10日 高宗の７男の英親王（李垠）が天然痘に罹り，御極40年称慶礼式の再延期が決定（中止）．８月20日 高宗は極秘で玄尚健をフランスに派遣し，中立国化を協議させる
1904年	１月20日 日韓国防同盟が「日韓議定書」と名付けられ調印目前．１月21日 大韓帝国が局外中立宣言．２月８日，９日 日本軍の仁川上陸，旅順艦隊への攻撃．２月10日 日露戦争（ロシアに宣戦布告）．２月23日 日韓議定書調印．３月17日 日韓議定書を受け伊藤博文特派大使が高宗慰問のため訪韓．５月18日

	海戦（事実上の日清戦争始まる）．7月27日 軍国機務処設置（甲午改革の開始）．7月に袁世凱，8月に後任の唐紹儀が帰国．9月4日 開国紀元節の記念式典．10月25日 井上馨特派全権公使の朝鮮赴任．12月17日 朴泳孝・徐光範が復権した政権成立
1895年	1月7日 洪範14条の誓告，17日 国王以下の尊称改正（大君主陛下）．4月17日 下関条約締結．4月20日 軍部官制頒布．4月26日 宮内府官制の布達（内蔵院設置，12月25日に内蔵司へ改称）．5月3日 陸軍服装規則（軍服などを西洋式に）6月1日 地方改革制度公布．6月6日 初めての園遊会開催．6月18日 地方制度改革に関する詔勅（朴泳孝が主導するが，7月に日本亡命）．9月4日 初めての開国紀元節の祝宴開催．9月7日 小学校令公布．10月8日 閔妃殺害事件．12月30日 断髪令公布（1896年1月2日内部訓示）
1896年	1月1日 陰暦から陽暦への切り替え（陰暦高宗32〈1895〉年11月17日を1896年1月1日へ），年号「建陽」．2月11日 露館播遷（甲午改革の終焉）．4月7日『独立新聞』創刊．5月26日 ロシアのニコライ2世の戴冠式（前後に山県有朋，李鴻章，閔泳煥・尹致昊がそれぞれロシア側と交渉）．7月2日 独立協会創立．7月21日 独立門定礎式（97年11月11日竣工）．7月24日 各種祭祀は陰暦・旧式で施行する詔勅．9月1日 戸口調査規則公布．10月 ロシア人D・V・プチャータ大佐率いるロシア人兵士の朝鮮到着，アレクセーエフを財政顧問に任命（97年9月25日朝鮮に到着）
1897年	2月20日 高宗還宮（露館播遷の終わり）．3月23日 校典所設置．8月12日「建陽」年号と断髪詔勅を取り消す詔勅．8月15日 年号「光武」に改元．8月29日 独立協会，討論会を始める．9月20日 圜丘壇の新築決定．10月3日 高宗，皇帝即位の上疏を受け入れる．10月12日（陰暦9月17日）高宗，皇帝即位．10月13日 皇后らを冊封．10月14日 国号を「大韓」とする
1898年	2月22日 独立協会が上疏（他国に頼らない自立を訴える）．3月1日 露韓銀行設立（5月閉鎖）．3月11日 ロシア人軍事教官・財政顧問の継続雇用中止．4月25日 西・ローゼン協定．6月18日 外交官の服制に西洋式大礼服を採用．6月23日 量田（土地調査）事業の開始（7月14日，アメリカ人技師クラムの指揮監督下で測量研修生の養成始まる）．6月24日 内蔵司の職掌に蔘政と鉱山経営を追加．6月29日 皇帝が大元帥，皇太子を元帥とする詔勅．7月9日 独立協会の尹致昊が初めて漢文・ハングル混用の文章で上疏（議会設立を訴える）．9月5

韓国併合 関連年表

※原則としてすべて陽暦で記した

年	出来事
1852年	9月（陰暦7月25日）高宗誕生．11月（陰暦9月22日）明治天皇誕生
1863年	哲宗死去
1864年	1月（陰暦高宗元〈1863〉年12月13日）高宗即位，大王大妃趙氏の垂簾聴政，大院君政権樹立
1865年	4月 景福宮の再建を決定
1866年	3月 閔致禄の娘（閔妃，のちの明成皇后）を高宗の妃とする．10月 フランス艦隊，江華島沖侵攻（丙寅洋擾）
1868年	明治維新
1871年	6月 アメリカ艦隊，江華島を攻撃（辛未洋擾）
1873年	1月 日本で陽暦使用（陰暦明治5〈1872〉年12月3日を1873年1月1日）
1875年	9月 江華島事件
1876年	2月 日朝修好条規締結
1882年	5月 朝米修好条約締結．6月 朝英修好通商条約，朝独修好通商条約締結．7月 壬午軍乱．8月 清軍が大院君を清朝に拉致，済物浦条約締結．11月 商民水陸貿易章程締結．12月 対外関係・通商を扱う統理衙門を設置（83年1月12日に統理交渉通商事務衙門に改称）
1884年	12月4日 甲申政変
1885年	4月18日 日清間の天津条約．7月7日 内務府設置．11月 袁世凱が総理朝鮮通商交渉事宜に着任（漢城駐在）
1886年	3月5日 内務府参議李鑢永を駐日弁理公使に任命
1887年	7月10日 内務府協弁閔泳駿を駐日弁理公使に任命，8月3日日本に出発．8月13日 内務府協弁朴定陽を駐米全権大臣，内務府協弁沈相学を駐英・独・露・伊・仏五国全権大臣に任命．11月16日 朴定陽アメリカに出発（清との紛争，89年8月帰国）
1890年	6月4日 大王大妃趙氏（神貞王后）死去．清が弔勅使派遣
1894年	2月 東学党を中心とした東学党の乱（甲午農民戦争）始まる．6月 朝鮮政府は清軍に派遣要請，清国政府は日本政府に朝鮮への軍隊派遣を通告，日本軍の漢城入城．大鳥公使が朝鮮政府に対し「保護属邦」を質す．7月10日 朝鮮内政改革案についての日朝間の初回会談．7月23日 日本による朝鮮王宮占領．7月25日 中朝商民水陸貿易章程など三章程の廃棄，豊島沖の

森 万佑子（もり・まゆこ）

1983（昭和58）年愛知県生まれ．2008年東京大学大学院総合文化研究科地域文化研究専攻修士課程修了．12年韓国・ソウル大学校大学院人文大学国史学科博士課程単位取得修了．15年東京大学大学院総合文化研究科地域文化研究専攻博士課程満期退学，16年博士（学術）．博士論文は，第４回松下正治記念学術賞受賞．日本学術振興会特別研究員（PD）などを経て，18年より東京女子大学現代教養学部国際社会学科専任講師，現在同准教授．専攻，韓国・朝鮮研究，朝鮮近代史．

著書『朝鮮外交の近代――宗属関係から大韓帝国へ』（名古屋大学出版会，2017年．第35回大平正芳記念賞受賞）
『ソウル大学校で韓国近代史を学ぶ――韓国留学体験記』（風響社，2017年）

共著『ハンドブック近代中国外交史――明清交替から満洲事変まで』（ミネルヴァ書房，2019年）
『交隣と東アジア――近世から近代へ』（名古屋大学出版会，2021年）

韓国併合《かんこくへいごう》
中公新書 *2712*

2022年８月25日発行

著　者　森　万佑子
発行者　安 部 順 一

本文印刷　三晃印刷
カバー印刷　大熊整美堂
製　　本　小泉製本

発行所　中央公論新社
〒100-8152
東京都千代田区大手町 1-7-1
電話　販売 03-5299-1730
　　　編集 03-5299-1830
URL https://www.chuko.co.jp/

Published by CHUOKORON-SHINSHA, INC.
Printed in Japan　ISBN978-4-12-102712-2 C1221

中公新書刊行のことば

いまからちょうど五世紀まえ、グーテンベルクが近代印刷術を発明したとき、書物の大量生産は潜在的可能性を獲得し、いまからちょうど一世紀まえ、世界のおもな文明国で義務教育制度が採用されたとき、書物の大量需要の潜在性が形成された。この二つの潜在性がはげしく現実化したのが現代である。

いまや、書物によって視野を拡大し、変りゆく世界に豊かに対応しようとする強い要求を私たちは抑えることができない。この要求にこたえる義務を、今日の書物は背負っている。だが、その義務は、たんに専門的知識の通俗化をはかることによって果たされるものでもなく、通俗的好奇心にうったえて、いたずらに発行部数の巨大さを誇ることによって果たされるものでもない。現代を真摯に生きようとする読者に、真に知るに価いする知識だけを選びだして提供すること、これが中公新書の最大の目標である。

私たちは、知識として錯覚しているものによってしばしば動かされ、裏切られる。私たちは、作為によってあたえられた知識のうえに生きることがあまりに多く、ゆるぎない事実を通して思索することがあまりにすくない。中公新書が、その一貫した特色として自らに課すものは、この事実のみの持つ無条件の説得力を発揮させることである。現代にあらたな意味を投げかけるべく待機している過去の歴史的事実もまた、中公新書によって数多く発掘されるであろう。

中公新書は、現代を自らの眼で見つめようとする、逞しい知的な読者の活力となることを欲している。

一九六二年一一月

日本史

d4

- 2107 近現代日本を史料で読む　御厨 貴編
- 2554 日本近現代史講義　山内昌之・細谷雄一編著
- 2011 皇族　小田部雄次
- 1836 華族　小田部雄次
- 2379 元老―近代日本の真の指導者たち　伊藤之雄
- 2492 帝国議会―西洋の衝撃から誕生までの格闘　久保田 哲
- 2528 三条実美《さんじょうさねとみ》　内藤一成
- 840 江藤新平（増訂版）　毛利敏彦
- 2051 伊藤博文　瀧井一博
- 2618 板垣退助　中元崇智
- 2550 2551 大隈重信（上下）　伊藤之雄
- 2212 近代日本の官僚　清水唯一朗
- 2294 明治維新と幕臣　門松秀樹
- 2483 明治の技術官僚　柏原宏紀
- 561 明治六年政変　毛利敏彦
- 1927 西南戦争　小川原正道
- 2320 沖縄の殿様　高橋義夫
- 252 ある明治人の記録（改版）　石光真人編著
- 161 秩父事件　井上幸治
- 2270 日清戦争　大谷 正
- 1792 日露戦争史　横手慎二
- 2605 民衆暴力―一揆・暴動・虐殺の日本近代　藤野裕子
- 2509 陸奥宗光　佐々木雄一
- 2141 小村寿太郎　片山慶隆
- 2660 原 敬　清水唯一朗
- 881 後藤新平　北岡伸一
- 2393 シベリア出兵　麻田雅文
- 2269 日本鉄道史 幕末・明治篇　老川慶喜
- 2358 日本鉄道史 大正・昭和戦前篇　老川慶喜
- 2530 日本鉄道史 昭和戦後・平成篇　老川慶喜
- 2640 鉄道と政治　佐藤信之
- 2712 韓国併合　森万佑子

中公新書 1886

現代史

f 3

2590 人類と病 詫摩佳代
2664 歴史修正主義 武井彩佳
2451 トラクターの世界史 藤原辰史
2666 ドイツ・ナショナリズム 今野元
2368 第一次世界大戦史 飯倉章
2681 リヒトホーフェン―撃墜王とその一族 森貴史
27 ワイマル共和国 林健太郎
478 アドルフ・ヒトラー 村瀬興雄
2553 ヒトラーの時代 池内紀
2272 ヒトラー演説 高田博行
1943 ホロコースト 芝健介
2349 ヒトラーに抵抗した人々 對馬達雄
2610 ヒトラーの脱走兵 對馬達雄
2448 闘う文豪とナチス・ドイツ 池内紀
2329 ナチスの戦争 1918-1949 R・ベッセル 大山晶訳
2313 ニュルンベルク裁判 A・ヴァインケ 板橋拓己訳
2266 アデナウアー 板橋拓己
2615 物語 東ドイツの歴史 河合信晴
2274 スターリン 横手慎二
530 チャーチル(増補版) 河合秀和
2643 イギリス1960年代 小関隆
2578 エリザベス女王 君塚直隆
1415 フランス現代史 渡邊啓貴
2356 イタリア現代史 伊藤武
2221 バチカン近現代史 松本佐保
2415 トルコ現代史 今井宏平
2670 サウジアラビア―「イスラーム世界の盟主」の正体 高尾賢一郎
2538 アジア近現代史 岩崎育夫
2586 東アジアの論理 岡本隆司
2437 中国ナショナリズム 小野寺史郎
2600 孫基禎《ソン・ギジョン》―帝国日本の朝鮮人メダリスト 金誠
2034 感染症の中国史 飯島渉
2700 新疆ウイグル自治区 熊倉潤
1959 韓国現代史 木村幹
2602 韓国社会の現在 春木育美
2682 韓国愛憎 木村幹
2596 インドネシア大虐殺 倉沢愛子
1596 ベトナム戦争 松岡完
2330 チェ・ゲバラ 伊高浩昭
1664 1665 アメリカの20世紀(上下) 有賀夏紀
2626 フランクリン・ローズヴェルト 佐藤千登勢
2527 大統領とハリウッド 村田晃嗣
2479 スポーツ国家アメリカ 鈴木透
2540 食の実験場アメリカ 鈴木透
2504 アメリカとヨーロッパ 渡邊啓貴
2163 人種とスポーツ 川島浩平